D1671312

Pedro Lenz
Plötzlech hets di am Füdle

Pedro Lenz

Plötzlech hets di am Füdle

Banale Geschichten

Cosmos Verlag

Zwölf der hier versammelten Geschichten sowie
weitere Texte sind zu hören auf Pedro Lenz'
CDs «I wott nüt gseit ha» und «Angeri näh Ruschgift»
(beide im Verlag Der gesunde Menschenversand).

7. Auflage 2014

© 2008 by Cosmos Verlag, CH-3074 Muri bei Bern
Lektorat: Roland Schärer
Umschlag: Stephan Bundi, Boll
Satz und Druck: Schlaefli & Maurer AG, Uetendorf
Einband: Schumacher AG, Schmitten
ISBN 978-3-305-00425-6

www.cosmosverlag.ch

Inhalt

Märliunggle ir Löliwaudgruebe

Üüüü dir, isch das e Fröid,
wider einisch echli
Gschichte z verzöue.

Es isch wunderbar,
es isch fasch eso
wi denn im Nüünzähsächsenachtzgi
zimlech aafangs Summer,
wo im Amtsaazeiger Wange
das Inserat isch drinn gsi,
si suechi e Märlitante
oder süsch e Märliunggle
für ds Chinderzäut
a däm Waudfescht
ir Löliwaudgruebe
z Herzogebuchsi hinge.

125 Johr Kadettekorps Herzogebuchsi
und ig,
i ha mi schriftlech beworbe
aus Märliunggle.

Und zwöi Tag spöter
chunt es Telefon
vore Frou Mässerli
vom Gmeinnützige Froueverein.

Ob i gäng no Inträsse heig,
am Waudfescht di Märli vorzläse.

Säubschtverständlech, sägen i,
vo Vorläse sig auerdings
i däm Inserat inne
gar nüt gstange.

I heig mer drum vorgstöut,
i wöug de di Märli
ender usswändig vorträge,
ender chli spontan und so,
wenns rächt sig.

Kes Problem,
seit d Frou Mässerli,
vorgläsen oder vortreit,
das spili ihre gar ke Roue,
d Houptsach sig doch,
dass es immer schön vo Härze chöm.

Ig auso ine
i das Märlizäut,
über sibezg Ching,
au zämen erwartigsfroh
und ig tadulos vorbereitet.

«Mini liebe Ching»,
fon i auso aa
mit ere richtig schöne Märlistimm,
«mini liebe Ching,

dir ghöret jetze hie vo mir
ds berüemte Märli
vom Prinzässli uf der Ärbse:

Es isch einisch e Prinz gsi,
dä het e Prinzässin wöue hürote,
aber es het e richtigi,
e ganz richtigi Prinzässin
het das denn müesse si ...»

D Ching hei d Ohren ufgsperrt
und d Ougen ufgsperrt
und ganz genau zueglost.

«Das isch übrigens hütt no so,
mini liebe Ching»,
han i spontan iigschobe
und gseit:

«Wen i a dere Stöu vilecht
grad no churz darf erkläre,
dass ds Klassebewusstsii vo Adlige
wahnsinnig usgeprägt isch,
dass auso di ewiggeschtrige
schwabligen adlige Souhüng,
wo auben i de Heftli chöme
und der Riichtum verjätte,
wo si üüs gwöhnleche Lüt
sowiso vorenthaute,
gäng no so si wi denn.

Mou, liebi Ching»,
han i de Ching gseit,
«das isch hütt no so,
dass di söttige Schmarotzer,
wenn si eini zum Hürote sueche,
immer ganz genau druf luege,
dass die ou adelig isch
oder süsch wenigschtens
steipünturiich
oder süsch vo Hollywood.

Und drum ischs jo ou so,
dass zum Bispüu
es Meitschi vo Herzogebuchsi,
no wen es sehr schön
und sehr gschiid und sehr lieb isch,
nie e Chance het,
e Prinz z hürote.

Das isch drum ds Klassebewusstsii,
mini liebe Ching,
das isch der Klassedünku.

Und dir und ig, liebi Ching,
mir chöi au zäme froh si,
dass mer imene Land inne läbe,
wo söttigs Pack nüt z mäude het
und wo aui Mönsche genau gliich si
ussert die, wo im Fernseh chöme,
aber das isch es angers Thema.»

Eso han i mi denn
chli warm gschnoret gha,
aber wöus mi ddünkt het,
d Ching sige gäng no
tipptopp bir Sach,
d Ching sige gäng no
absolut ufmerksam,
han i witergredt und gseit,
bi de Prinzässinne
sigs übrigens genau eso.

Wöu es gäb jo immer no Lüt,
wo ds Gfüeu heige,
so ne Prinzässin
sig irgendwie e bessere Mönsch.

Und sehr vili Lüt
tröschti sech bim Gedanke,
dass Prinzässinne
wenigschtens denn,
wenn si vilecht mou
Liebeschummer heige,
gliich schlächt druffe sige
wi aui angere Mönschen ou,
was hingen und voore nid stimmi,
wöu wen ig aube zwüschine
richtig Liebeschummer heig,
de chöng i jo nid eifach
uf Monte Carlo a ne Party
d Sorge mit Champagner und
chli Kokain go furtputze.

Nei, wen i Liebeschummer heig,
de mües i säuber luege,
de mües i säuber usefinge,
worum dass d Eichebärger Ruthle
nach achtzäh Monet Beziehig
eifach mit mer Schluss gmacht heig,
jawohl, eifach Schluss gmacht
heig si, völlig unerwartet.

D Ruthle göng jetz mit em Aebi Res,
em Lead-Gitarrischt
vo de Devil Brothers,
wo chürzlech z Bettehuse hinge
di Plattetouffi heigi gha.

Und mir, mir hänki d Ruth jedes Mou
zimlech schnäu ds Telefon ab,
wen i re aube zmitts ir Nacht aalüti
und ändlech wöu wüsse,
was dä komisch Aebi
ihre mönschlech chöng biete,
won ig ihre nid heig chönne biete.

Und wenn si de mou erwachse sige,
han i de Ching no gseit,
de gsääche si de, wi das sig,
we men eifach abserviert wärdi,
eifach abgschüttlet wärdi
vo eire, wo zwar ke Prinzässin sig,
wo men aber wahnsinnig gärn heig.

12

Und es sig Wahnsinn,
wen i jetze dra dänki,
dass dä Aebi eismou
sogar no ddroht heig,
mi so richtig dürezbrätsche,
wen i witerhin a sine Konzärt
das Transparänt uecheheig,
wo druffe stöng:
«Gitarrist gleich Charakterlump!»

Und d Ching si mer gäng no
fasziniert a de Lippe ghanget,
aber i ha aafo gränne,
ha d Tränen eifach
nümm lenger chönne zrügghaute.
Bi richtig chrank worde
bim Gedanke,
dass ig i däm Märlizäut
vor dene Ching stoh,
wäretdäm dass der Aebi
zur gliiche Zit vilecht
dr Ruthlen ihri wunderschöne
chliine wiisse Büppi aalängt.

Und won i mer ou no überleit ha,
dass si ihm di gliiche Sache
i ds Ohr ine chönnt chüschele,
wo si mir aube gchüschelet het,
do han i d Stimm verlore,
i ha nume no gschluchzet.

I bi zämebbroche
a mim Tischli.

D Öutere hei ihri Ching
diskret bir Hang gno
und us däm Märlizäut usegfüert,
und ig ha ghüület und ghüület
und a d Ruthle ddänkt
und a di gmeinsame Plän,
wo mer no hätte gha,
und a di Ching,
wo mer zäme hätte chönne ha,
d Ruth und ig.

Und ds Märlizäut
isch scho lang läär gsi,
und nume d Frou Mässerli
vom Gmeinnützige Froueverein
isch no ir Nööchi gstange
und het mi gfrogt,
ob i es Nastüechli wöu
oder es Glas Wasser.

Und das isch ds letschte Mou gsi,
won i aus Märliunggle
bi engagiert worde.

Worum, weis i säuber nid.

Ds angere Modäu

Ig denn do
das angere Modäu ungerschribe,
wo mini Chrankekassen offeriert,
HMO, weisch,
chasch der Arzt nümm
jedes Mou säuber usläse,
isch derfür günschtiger,
macht einiges uus.

Gon i häre, e Routinesach,
en Ungersuechig,
so ne Tschegg-Öpp.

Chumen i auso ine
i das Behandligszimmer,
hocket dört eine,
en Arzt, Augemeinpraktiker,
eine vo somene Land!

Muesch der das vorstöue!

Nei, isch scho ne Wiisse gsi,
meh oder weniger,
aber vom Oschten irgendwo,
e Name, wo ke normale Mönsch
im Chopf cha bhaute.

Dokter Weisnidwivüu,
e wahnsinnige Name,
absolut wahnsinnig,
öppis vo ganz, ganz wit im Oschte.

Aber ds Beschte,
ds Beschte muesch lose,
redt doch dä
ganz es gwöhnlechs
Schwizerdütsch.

Do isch doch öppis nid suber,
han i grad ddänkt
und sofort gfrogt,
wo si Name härchöm.

«Armenie», seit er, «Armenie»,
wi wenn nüt wär.

Hei si z Armenien usse
überhoupt medizinischi Usbüudige,
han i mi natürlech sofort gfrogt.

Aber gseit han i nume: «So, so.»

«De sit der auso en Armenier»,
han i no gmacht.

Aber är nume glachet
und gseit, nenei, är sig Schwizer.

«Jä so», säg i, «Schwizer,
aber en armenische Name.»

«Genau», seit er,
«en armenische Name.»

Het mi chli hässig gmacht,
dass er so übertribe fründlech
und so ruhig isch blibe,
wi wenns ihm gliich wär,
won er härchunt,
wi wenn das
ke Roue würd spile.

Won er de gstudiert heig,
han i mer no erloubt z froge.

Z Basu und z London,
het er gseit,
aber das sig scho lang här.

Auso London, auso doch,
han i no ddänkt.

Aber ufgwachse sig er äuä
scho z Armenie.

Nenei, seit er,
ufgwachse sig er
im Fricktau hinge.

I däm Fau der Vatter
vo Armenie zuegwanderet.

Nei, der Vatter sig
z Aarou uf d Wäut cho,
aber ob mer nid lieber afe
über mi wöue rede.

Jo, natürlech, han i gseit,
wäge däm sig i jo do,
und gliich hets mer ke Rue ggä.

Är het es paar Froge gstöut,
wi aut dass i sig, was i schaffi,
Chrankegschicht und so Züüg,
ob i rouki, Aukohou, Sport
und so witer.

Bi Sport han i gseit,
i sig YB-Fan sit 1972.

YB heig übrigens ou mou
zwöi Armenier gha,
Wardanyan und Petrosyan,
ob er ächt die kenni zuefäuigerwiis,
di sige guet gsi.

Nei, Fuessbau säg ihm nüt,
und ussertdäm, wi gseit,
sig er säuber gar nid Armenier.

Aber vo nöime mües er doch
en armenische Name ha,
ömu bim Rütlischwur
heige si söttigi Näme
no nid verteilt.

I sig e Luschtige,
het er uf das abe gseit,
und wiso dass mer si Name
derewä z dänke gäb,
ob i es Problem heig
mit sim Name.

Ig? Wiso ig?
Är heissi jo so,
i heissi Gärber,
ganz normau Gärber.

De sigs jo guet, het er gseit
wider so provokativ fründlech,
und i söu mi mou obe frei mache.

«Heit der Dienscht to?»

«Jo, Houptme, Sanität
imene Geniebatallion.»

I sig ou bi de Genietruppe,
sägen i, sig Pontoniergfreite,
Kompanie I/25.

Aha, Pontonier, de sige mer jo
fasch Dienschtkollege,
het er glachet und gseit,
i söu mou hueschte.

Han i ghueschtet und är abglost,
sig guet, i söu mou
d Schue und Hose abzie.

Ob er nie es Problem heig gha
im Militär mit sim Name.

Eigetlech nid,
meh di angere,
wo Müe heige gha,
ne richtig uszspräche.

Das verwungeri mi nüt,
das sig jo tatsächlech nid liecht,
e söttige Name chöng me jo
gar nid richtig usspräche.

Söu mi vor abe bücke,
d Häng gäge Bode strecke.

Ob er de z Armenien usse
no Verwandti heig.

Nei, nid dass er wüss,
i chöng mi wider aalegge.

So wit sig aus guet,
jetz warti me no der Bscheid ab
vo de Laborteschte
und ob vo mire Site
ächt no Froge sige.

«Nei, Herr Dokter»,
han i gseit,
i heig keni Froge,
und merci und adiö.

He jo,
was hätti no söue froge?
Ha jo aus gfrogt gha.

Sämi

Frogt mi doch dä jung Maa,
ob er mi öppis dörf froge.

Und won i säge: «Auso guet»,
frogt er, ob i nim öppe
öppis i Münz heig.
Es Fränkli, het er gseit,
oder zwöi.

Ha natürlech zersch öppe
ds Gliiche ddänkt,
wi dir jetz ou dänket.

Ha ddänkt, i chiem schliesslech
ou nüt gschänkt über und
e Franke sig e Franke und
für Ruuschgift gäb i sowiso nüt
und är söu doch go schaffe
und üsereins heigs ou nid eifach
und früecher heige mer hert düremüesse
und die z Afrika unge, di heige gar nüt,
und i gäb schliesslech scho au Johr öppis
für d Glückschötti und öppis für d Caritas,
und zwar nid weni.
Und me chöng doch nid eifach
der ganz Tag im Bahnhof umeschliiche
und frömdi Lüt aahoue

und nächhär den angere d Schuud gä,
wes eim schlächt göng,
und meine, i sig der Peschtalozzi
und ds Gäut wachsi a de Böim,
und eifach di hohli Hang mache
und d Verantwortig abschiebe
und dass er doch uf d Fürsorg söu
oder uf enes Pfarramt oder so,
wen er würklech Hunger heig.

Und won i das aues ddänkt ha gha,
han i ne no einisch aagluegt
und de han i ne gfrogt, win er heissi.

«Sämi», seit er
und luegt a Bode.

Müest nechs vorstöue,
Sämi,
genau wi mi Göttibueb, der Sämi,
wo im Achtenüünzgi isch ums Läbe cho.

Aha, Sämi, dänken i no
und gibe nim es Zähnernötli,
auso machs guet, Sämi,
häb der Sorg, Sämi,
lueg zue der, Sämi.

Und jetz han i mängisch Angscht,
är heig mi aagloge
und är heissi gar nid Sämi.

Alexandra

Bi chli ungerwägs gsi,
es het chli gschneit,
und dört, won i bi gsi,
schneits höchschtens
einisch pro Winter,
aber meischtens gar nie.

Der Schnee isch no wiiss gsi,
isch no nid verdräcket gsi,
isch suber u glatt gsi
wi nes früsches Liintuech,
wo aues zuedeckt,
wo me nid wott gseh.

Ha z vüu Zit gha,
ha nüt los gha,
Sunntig am Oobe
ire frömde Stadt,
wos numen einisch schneit
oder äbe gar nie.

Bi are Bar verbiicho,
ha di Musig ghört,
so nes Lied,
isch mer bekannt vorcho,
öppis vor Alexandra,
isch no schön gsi,

het eim chli ds Härz ufgmacht,
het eim chli warm ggä,
di fini Musig.

Und vor der Bar
ungerem Vordach am Bode
isch eini ghocket,
e jungi Frou,
ganz aleini,
het ggrännet,
isch ere nid guet ggange.

Und ig ha inewöue i di Bar
zu däm Lied vor Alexandra,
aber när han i ddänkt,
dass dört inne
jetz eine steit,
wo dere Frou dohie
äuä gseit het,
är wöu se nümm,
är chöng nümm.
Es tüeg ihm leid,
heig se gärn, das scho, mou,
gäng no gärn irgendwie,
gäng no Gfüeu für se
und es sig für ihn jetz
ou nid eifach,
das eifach z säge,
aber es sig verbii,
definitiv.

Und i ha mer vorgstöut,
dass er jetz no eis nimmt,
jetz, won ers gseit het,
jetz, won er ändlech
der Muet het gha
zum Schluss mache,
dass er jetz no eine bstöut,
e Dopplete,
jetz, wo si dusse hocket
am Bode vor der Bar
und em Schnee zuelost
und dr Alexandra zuelost
und grännet und grännet
und nid versteit,
worum dass er se nümm wott.

Und i ha gar nid wöue wüsse,
win er usgseht
und win er dört steit
und win er abeluegt
uf dä nass Spannteppech
und zueluegt, wi der Schnee
vo sine Cowboystifle
langsam furtschmüuzt,
und win er Glas
um Glas inelot
zum aues furtspüele,
wo ne a di Frou erinneret.

Und drum bin i witer,
furt vo dere Strooss,

furt vo dere Frou dört usse,
furt vo däm Typ dört inne,
won i gar nid kennt ha,
won i gar nid gseh ha gha,
won i aber chli ha ghasset,
wöu er se z gränne het gmacht
a däm Sunntig am Oobe
a däm komischen Ort
bi dere schöne Musig
vor unvergässleche
Alexandra.

Schiri

Me mues gloub gar nid z vüu
dran umestudiere.

Entweder isch es eim ggä
oder de isch es eim äbe nid ggä.
Und mir, mir wärs eigetlech ggä,
und zwar vo Geburt uuf.

Mou, eso öppis, das gspürt men eifach.
Scho wo mer di erschte Mätsche gmacht hei
denn aus Giele
i der Gruebestrooss hinge
gäge ds Garaschtor vom Dokter Hug,
isch irgendwie immer klar gsi,
dass ig Schidsrichter mache.

«Der Fredi, dä macht Schiri!»,
hets immer gheisse,
i weis ou nid rächt, worum.
Ha gar nie müessen überlegge,
ob i wöu mitschutte.
Bi Schidsrichter gsi
und fertig, Schluss.

Und mi Götti,
der Götti Franz,
wo säuber über füfzäh Johr

Dritt- u Viertliga het pfiffe,
bis ne der Hung vomene Platzwart
irgendwo im Seeland,
i gloube, z Finschterhenne,
amene Cupmätsch
het i d Färse bbisse,
und zwar eso het bbisse,
dass di Färse
nie meh guet isch cho
und er sini Pfiiffe
vorzitig het müesse a Nagu hänke,
auso dä Götti Franz,
dä het mer zum achte Geburtstag
es schwarzes Liibli gschänkt
mit ere grosse Bruschttäsche,
und i dere Bruschttäsche
hets e gäubi und e roti Charte gha,
originau FIFA,
nei, nid ds Liibli,
das het em Franz si Frou gnääit gha,
aber d Charte,
d Charte si originau FIFA gsi.

I weis no guet,
wi ni Fröid ha gha
a dene schöne Charte.

Aber won i se ds erschte Mou
ha müesse bruuche,
wöu der Oberli Sersch
bi eim vo dene Mätschli

am Garaschtor vom Dokter Hug
d Baue het furtgschuttet,
nachdäm dass ig denn
scho lang ha abpfiffe gha,
was natürlech ganz klar Gäub git
wäge «Ballwegschlagen»,
do het mer dä Sersch di Charte wäggno
und het se verschrisse.

Für das hätt i nim ohni witeres
sofort di Roti chönne gä,
aber i ha nid wöue riskiere,
dass er die ou no kabutt macht,
drum han i es Oug zueddrückt.

Das muesch äbe ou chönne
aus guete Schidsrichter,
d Situation richtig iischetze
und zwüschine mou
es Föifi lo grad si.

Nume han i vo denn aa
wäge däm Zwüschefau
natürlech ke Gäubi me gha
und drum ha mer aagwöhnt,
meh mit Ermahnige z schaffe.

Aber wüsst der was?
Vüu Lüt si undankbar,
das han i denn scho müesse lehre.
We me z lieb isch,

wird men usgnützt.
Das isch eifach so.

Und ohni di gäubi Charte
han i nie di Outorität härebbrocht,
wos eigetlech würd bruuche
für di ganz grossi Karriere.

Und gliich weis i,
dass ig im Grund gno
zum Schidsrichter gebore wär.
Das Talänt isch i mir inne.

Und di Mätsche, won i pfiffe ha,
di nimmt mer niemer meh wägg.

Drum fröits mi natürlech umso meh,
wenn so Giele wi dä Oberli Sersch
ou hütt no,
auso über driissg Johr spöter,
wenn si mer uf der Strooss begägne,
«Salü, Schidsrichter!»
zue mer säge.
Oder «Salü, Schiri!»

Es isch eifach irgendwie –
wi söu i säge? –
es Zeiche derfür,
dass si gäng non echli Reschpäkt hei.

Lotto

Mir si am Znüüni ghocket,
jede si Lottozedu usgfüut
eso wi immer am Fritig,
jede sini Chrüzli gmacht,
totali Konzentration ir Baragge,
do fot doch plötzlech
der Liniger aafo schnore,
was er würd mache, wes chlepfi,
wen er dä Sächser würd hole,
wen er ufs Mou di Millione hätt.

Champagner i d Badwanne füue,
aber de vom tüüre Champagner
und nid eso büige Katalanebrunz,
und zwöi Tänzerinne lo cho,
Ukrainerinne oder öppis eso,
und de Lachsbrötli frässe
füdleblutt i dere Badwanne
mit dene ukrainische Tänzerinne
und ds Telefonkabu uszie
und ds Handy uf lutlos stöue,
eso dass ne niemer chönnt störe,
und kubanischi Stümpe rouke,
auso Sigare wöu er säge.

Und wenn d Sigare groukt wäre
und der Champagner ir Badwanne

nümm so rächt würd chutzele,
würd er e Chauffeur schicke
mit emne Cadillac oder so,
wo gieng go Nachschueb hole.

Und mir au zäme chönnte nim de
für immer am Ranze hange
mit üsne dräckige Fingernegu
und üsem hartnäckige Fuessschweiss
und üsne stoubige Überchleider
und üsne chliikarierte Tröim
vo Wellness-Ferien im Engadin
und eme Reiehüsli am Thunersee.
Heig nämlech sowiso d Chappe vou
vo dere gruusige Baragge
und dene ewiggliiche Gringe
und däm sinnlose Ghetz
und däm ständige Gjammer
und däm gruusige Polier
und däm verdammte Dräckwätter
und überhoupt vo auem zäme,
himutonnernomou.

Zersch isch es e Momänt lang
totestüu gsi i dere Baragge.
Au zäme numen unglöibig
zu däm Liniger übere gluegt
und fasch nid wöue gloube,
wi sech dä Spinnsiech
wäge däm blöde Lottozedu
derewä het chönnen ufrege.

Är söu sech doch beruhige,
hei mer nim afe mou gseit,
und dass jo ke Mönsch gloubi,
dass es ukrainischi Tänzerinne gäb,
wo mit ihm i d Badwanne giengte,
ou wen er Millione hätt,
und dass er sicher chrank würd wärde
vo däm chaute Champagnerbad
und dass er das mit em Lachs
sowiso mües vergässe,
wenns ihm doch aube scho
vo üsne Sardine schlächt wärdi,
und dass me di tüüre Sigare de
nid eifach chöng rouke,
wi wes Marocaine Super wäre,
und ob er eigetlech nid wüss,
was so ne Cadillac verbrönni,
sicher föifezwänzg Liter
uf hundert Kilometer.

Das sig ihm aus zäme tuusigmou gliich,
het der Liniger gseit,
und dass är sini Millione
uf jede Fau würd dürejätte,
vervögle, versuuffe, verfrässe
und verrouke würd er se,
und ke Rappe gieng uf d Bank
und ke Rappen i d Autersvorsorg.
Das chönge mer schriftlech ha.
Und wenn d Ukrainerinne ds Gfüeu heige,
der Liniger Res sig ne z wenig,

de nähm er haut Dominikanerinne,
wöu im Ungerschid zu üüs Gigle,
sig är äbe ke Rassischt,
und är heig ou kei Tessiner Pergola,
won er mües Schwizerfähndli drahänke
a jedem erschten Ouguscht
und nächhär aune verzöue,
är meinis numen ironisch,
und derzue Dennerbier suuffe
hinger em glänzige Chugugrill.

Und eso föngs nämlech aa,
mit so nere fröidige Pergola
und emne Rolf-Knie-Kaländer
deheimen i der Stube
und mit de CDs vor Céline Dion
ir Aalag vom gleasete Smart
und mit dene Umhängetäsche,
wo «Appenzellerin» druff stöng
oder «Solothurnerin»
oder süsch so ne Nationauschiissdräck.

Und nume wöu mir vilecht Goofe heige,
wo irgend i ne Vorkurs
vonere Grafikerfachklass gönge
und Videoinschtallatione mieche,
we si sech nid grad am Zuekiffe sige,
und wo ineren aute Laschtwageblache
es iBook i der Gägend umeschleipfe
und meine, we men en Italiäner kenni,
sig me scho totau multikulturell,

und derbii di ganz Zit
nume gäng Angscht heige,
dass irgendöpper chönnt merke,
dass si unger em änge Pumaliibli unge
di gliichen ängstirnigen Idiotte sige
wi ihri fitnesssüchtige Öutere,
auso nume wöu mir sörigi Goofe heige,
mües är, der Liniger Res,
üüs no lang nid froge,
was är für Froue i d Badwanne nähm,
wen er e Lottosächser heig.

«Jetz haut der Latz, Liniger!»,
hei mer afe no mou gseit,
und dass es doch nid normau sig,
dass er sech wäge däm blöde Lottozedu
i ne söttige Ruusch ineschnori.

Nenei, mir heige ne fautsch verstange,
der Ruusch chöm de erscht mit em Sächser,
jetz sig er sech numen afen am Ufwerme,
aber wen er de dä Chümi im Sack heig,
de göngs de ab im Nordquartier,
de putz er sech de jede Tag ds Füdle
mit emne nigunagunöie Tuusigernötli,
und mir söue jo nid meine,
är inveschtieri de sini Millione
i so ne abglutschete Aalagefonds
vo dene Credit-Suisse-Bandite,
für dass di steipünturiiche Sieche
uf sini Chöschte no riicher wärdi.

Nenenei, är löng de eifach d Sou ab,
stöng nie meh vor em Mittag uuf
und fahri nume no schwarz i der S-Bahn.
Und wenn di feisse Kontrollöre chieme,
wüsste si de aube scho vo witem Bscheid,
wöu di längschtens au zäme
Duzis wäre mit ihm,
wöu er ne ufs Buessgäut ueche
gäng no es rächts Trinkgäut würd gä
für i ds Kafikässeli
oder für ne Witerbüudig,
eso dass si äntlech chönnte lehre,
wi me de Schwarzfahrer ds Gäut abnimmt,
ohni dass me se öffentlech blamiert.

«He, Liniger! Hesch es de öppe?»,
hei mer ne afe gfrogt,
und är söu doch äntlech
sini blöde Chrüzli mache,
wöu d Pouse jetz de grad düre sig.

Aber dir gloubet das nid,
der Liniger het si Lottozedu
eifach verschrisse,
isch ufgstange und ggange,
übere zum Magaziner
e Fläsche Bier go hole
und es paar Schmärztablettli,
dass er wider normau wird
im Gring obe, dä arm Siech.

Won i en Afghan bi gsi

Ei Nacht han i tröimt,
i sig e Hung, en Afghan,
und zwar eine mit churze Hoor
und längen Ohre.

Ha z Zollikofe gwohnt
inere Maisonettewonig
mit vüu Cachet und Parkettböde
bimene nätten Ehepaar,
Herr und Frou Stouffer.

Är het mit Software ghandlet,
si Soziauarbeitere
bir reformierte Chilegmeind
und beid zämen
aagfrässeni Hündeler.

Ching hei si keni gha,
Stouffers,
derfür hei si mi gha,
der reinrassig Afghan
mit begloubigtem Stammboum.

Zwöimou am Tag
si si mit mer go louffe,
am Morge si,
am Ooben är,

entweder i Waud hingere
oder a d Aaren abe.

Ou, i bi ne gueten Afghan gsi,
ke Seich mit de Jogger,
ke Seich mit de Goofe,
keni Lämpe, kes Gschlaber,
gar nüt.

Di angere Hündeler
oder töu auti Lüt
hei gäng wahnsinnig möge rüeme.

Jöö, was i für ne Schöne sig
und win i heissi,
aha, Abdul, eh sali Abdul,
und so ne Liebe, gäu du?

Und de di luschtigen Ohre,
und so verspüut,
und darf me ne striichle,
und git dänk no z tüe.

Jo klar, so nen Afghan
bruucht scho sini Pfleg
und immer gnueg Uslouf.

Und so sensibu, di Afghane,
und jöö sälü du,
sälü, sälü, sälüüü.

Aber nid nume das,
bi ou a Hunderenne
und vor auem a Usstelige.

Einisch zum Bispüu
ar OLMA z Sanggaue
föift bi de Junghüng
und spöter z Bärn ar BEA
sogar viert bi der offene Klass.

I säges jo, has guet gha
dört i däm Troum inne,
es sorgefreis Läbe
imne hundefründlechen Umfäud,
gregleti Frässenszite
und en aute Perserteppech
ganz für mi aleini.

Aber ei Oobe hets glütet,
nume grad är und ig deheime,
mir hei chli Fernseh gluegt,
Kassesturz mit em Ueli Schmezer,
und si, d Frou,
im Mandolinenorcheschter
are wichtige Prob.

Han i chli aaggä,
chli bbäuet,
chli ar Hustür gchratzet,
muesch jo fasch
aus Hung,

«jooo, isch jo gueeet,
chumm, bis e Braaven, Abdul»,
seit är zue mer
und macht d Türen uuf.

Si dörte drü Type,
zwe vor Frömdepolizei
und eine vom Staatsschutz.

Hei si Handschäuen und
e Haftbefäu füregmacht.

Ig ke Chance,
aus Afghan sowiso nid.

Das mües e Verwächslig si,
han i wöue säge,
i sig legau im Land,
sig reinrassig,
und mit Extremismus
heig i überhoupt nüt am Huet.

Aber wär lost ir Schwiz scho
uf ene jungen Afghan?

Si hei mi versorget, i ne Flüger gsteckt
und ab uf Guantánamo.

Dört bin i när ghocket
imnen orangen Überchleid,
iigsperrt und gfesslet.

Und bim Verhör immer wider:
I söu gschider aus zuegä,
süsch heige si de
no angeri Methode,
und i mües de jo nid meine.

Und wo si mer i Ranze schutte,
bin i erwachet us däm Troum.

Und sithär frogen i mi,
worum dass das Ehepaar,
Herr und Frou Stouffer,
auso di Hündeler vo Zollikofe,
dä Softwarehändler
und di Soziauarbeitere
nüt für mi gmacht hei.

Hätte sech doch wenigschtens
für mi chönnen iisetze,
öppis ungernäh
gäge di Usschaffig
und gäge di ganze Souereie,
wo dört unge louffe,
wo jede Bscheid weis
und gliich nie öpper
öppis ungernimmt dergäge,
wöus gäng nume
di angere preicht.

D Afghane zum Bispüu.

Frank und Fred

A däm Hochzit
isch es no guet gsi,
i chönnt nid vüu säge,
der Service, ds Fleisch,
dä Décor uf de Tische
und ou di Spiili,
wo si gmacht hei,
aues tipptopp
ussert vilecht
das mit der Musig.

Jo, weisch, do spüut eine
uf ere elektrische Orgele,
versteisch,
so ne vououtomatischi,
eini, wo de chasch
jede Rhythmus iistöue
und echli Bläser
und echli Echo und so,
spüut dä auso
sini Tanzmusig, nüt Speziells,
weisch, eifach do
das Evergreen-Züüg,
wo öppe jede kennt,
und echli Aupeschlager,
auso aaständigi Musig
vo däm här,

aber macht derzue gäng
zimlech e truurige Gring.

«Wiso mues ou dä
so ne Gring mache
amene Hochzit?»,
säg i no zum Rölu,
«wiso cha dä nid
zwüschine chli lache?
Jo, migottstüüri,
söu doch einisch lache,
dä Musiker,
für das chunt er Gagen über.»

Und nach em dritte Lied
seit er afe, är heissi Fred
und eigetlich sige si
ds «Duo Frank und Fred»,
beides Brüetsche,
Profimusiker vo Wangeried.
Über tuusig Uftritte zäme
a Bankett, Vereinsööbe
und Familiefescht
aus «Duo Frank und Fred».
Aber di vorder Wuche sig äbe
si Brüetsch gstorbe
und für ihn sigs jetz eifach
no zimlech ungwohnt
eso ganz aleini uf der Büni
aus Fred
ohni Frank.

E Superschütz

Das isch eifach e Moorerei.

Dir kennet doch der Res,
der Jüngscht vo Witschis,
dä, wo so ne tipptoppe
Jungschütz isch gsi.

E Superschütz,
i cha nechs säge,
dä het jetz aus preicht,
dä Witschi Res,
dä Tonnerwätter,
A-Schibe, B-Schibe,
und wenns e C-Schibe würd gä,
hätt er dört ou no
zmitts drii gschosse,
bling.

Und bir Ushebig letscht Johr,
aber das mues i öich gar nid säge,
das chöit der nech säuber usrächne,
i de erschte föif Prozänt,
wenigschtens im Sport.

Und wüsst der,
was es när het gheisse
nach drü Wuchen RS?

Wüsst der was? He?
Das chöit der nid wüsse,
drum säg i nechs jetz:

«Nicht diensttauglich,
ärztlich ausgemustert,
Herzfehler.»

Aber wen öpper e Fähler het,
und zwar im Gring,
de isch es dä Armeearzt.
Witschi Res untouglech,
dasch doch e Moorerei.
Di nöchschte paar Johr
hätt däm Res sis Härz
uf jede Fau no pumpet.

Gloub doch der Tüüfu, dass es när
so gfährlechi Souhüng
wi dä Bin Laden nie verwütscht,
wen eso wunderbari Schütze
wi dä Witschi Res
nid emou dörfen en RS fertig mache.

Brügglifäud

Im Hingerdrii isch me gäng schlöier.
Aber i ha denn zwöi Charte gha,
Tribüne, Sitzplatz für Aarou – YB.

Auso sägen i zur Brigitte,
wo sech im Grund gno
gar nid vüu us Fuessbau gmacht het,
sägen i auso zur Brigitte,
«los, Schätzu», sägen i zue re,
«am Sunndi gö mer zämen uf Aarou
i ds Brügglifäud.»

Was das sig, ds Brügglifäud,
het si wöue wüsse.

E söttigi Frog chöng jetz
numen e Frou stöue,
han i gantwortet,
und dass ds Brügglifäud
dänk ds Stadion vom FC Aarou sig.

Das töni aber nid grad
nach emne bsungers wichtige Stadion,
Brügglifäud.

«Aha», han i gmacht,
«dr Madame passt der Name nid.

Für d Madame müestis San Siro heisse
oder Wembley oder Bernabeu.»

Nei, ihre sig das Hans was Heiri,
es dünk se eifach nume,
und das sig aues, wo si gseit heig,
Brügglifäud töni ender nach Provinz.

Ob de Hitzfeld ou nach Provinz töni, he,
ha se gfrogt, oder Rolf Fringer
oder Sforza oder Di Matteo oder Lars Lunde, he.
Ob si de überhoupt wüss,
was dörte scho
für Fuessbaugrössine ii und uus ggange sige,
i däm Brügglifäud.

Und usserdäm,
we mers scho vo däm heige,
Brandebärger Brige
töni ou nid grad
wi Sophia Loren.

Eso mües i re jetz ou nid cho,
het si gmacht.
Und Schutte säg ere sowiso nüt.

Das mües si mer jetz nümm säge,
das heig i grad gmerkt,
dass si vom Schutte kei Ahnig heig.
Wöu wenn si en Ahnig hätt gha,
hätt si nid eso soublöd to

gäge das Brügglifäud,
wo immerhin e Tradition heig,
wen ou kei wahnsinnigi.

I söu doch oben abe cho,
het si gmeint.
Wen i unbedingt wöu,
de chöm si haut mit
i das Brügglifäud.

Aber scho dä Tonfau,
scho wi sis usgsproche het,
«Brüggli» ganz spitz
und «Fäud» ganz dumpf,
het mi totau ufgregt.

Es sig scho rächt, han i gmacht,
i chöng der anger Tribüneplatz
ou süsch öpperem gä,
öpperem, wo Fröid heig
und ds Brügglifäud wüssi z schetze.
Si söu de eifach nächhär nid cho gränne,
si sig no nie im Brügglifäud gsi.

I söu doch ufhöre,
het d Brigitte gfunge,
i miech mi jo lächerlech.

Aha, äbe jetz,
jetz sig scho ig tschuud,
dass die z Aarou unge

ke bessere Name heige gfunge
für ihres Stadion.
Und si söu mer am Ranze hange
und ob si eigetlech gloubi,
me chöng sech der Gägner säuber usläse
und ds Läbe sig es Wunschkonzärt.

Nei, ds Läbe isch kes Wunschkonzärt,
und drum ha re gseit,
we me i ds Brügglifäud mües,
de göng men i ds Brügglifäud
und tüeg nid no heiku,
und abgseh dervo
mües dä Mätsch zersch ou no gspüut si,
wöus gäg Aarou nie eifach sig,
grad uf em Brügglifäud.
Und wen üsi Giele
gliich überhäblech wäre
wi si zum Bispüu,
de chönntis vertami hert wärde,
bsungers gäge so ne Kontermannschaft.

Aber das het d Brigitte
gloub aues zäme nümm ghört,
wöu si ds Telefon
scho het abghänkt gha.

Und i bi de a däm Wuchenänd
mit em Locher Wilu a Mätsch.
(Es müeds 0:0. E Sunndi zum Vergässe.)

50

Und glii druuf
isch mer di Brigitte
mit emne Gstudierte druus,
mit eim, wo sehr wahrschiinlech
ou ds Gfüeu het,
ds Brügglifäud
sig e Landschaft
und Fuessbau
mües me nid ärnscht näh,
dä Laggaff,
dä grossgchotzet.

D Schrift

Es het eigetlech aues
ganz harmlos aagfange.
Do sig doch ei Oobe,
verzöut mer der Üelu,
si Gieu, der Urs, der öutischt,
bsoffe heicho,
und zwar nid echli,
und heig i ds Chörbli
vom Hung inegchotzet
und drüberabe
no fräch glachet.

Das sig doch weis Gott
kei Kataschtrophe,
sägen i spontan zum Üelu,
so öppis chöng mou vorcho
und mir heige doch ir Jugend
aui einisch z vüu verwütscht.
Und ds nöchscht Mou wüss de dä Gieu,
wivüu dass es ma verliide.
Und ussertdäm,
we der Heiland hätt wöue,
dass mer nume Wasser suuffe,
de hätt er das vile Wasser
a däm Hochzit dörte
nid i Wii verwandlet.

Jetz mües i de grad ufpasse,
het do der Üelu gmeint
und isch chli lüter worde.
Öppis sig d Schrift
und öppis ganz angers sigs,
bsoffe heizcho
und em eigete Hung
i ds Chörbli inezchotze.
Und obs mer eigetlech
komplett usghänkt heig,
di biblischi Gschicht
mit emne versouete Hundechörbli
i ne Zämehang z bringe.

Auso do heig er mi jetz
sehr wahrschiinlech
totau fautsch verstange,
sägen i no zum Üelu.
I heig nid wöue säge,
ir Bibu stöng öppis
vomene Hundechörbli,
das heig i gar nie gseit.

Aber do isch es irgendwie
scho z spät gsi.

Düreddrääit het er,
der Üelu,
me chas nid angers säge,
i sig ke Dräck besser
aus si bsoffnig Suhn

und d Schrift sig gäng no d Schrift
und über d Schrift
lies er sech vo so eim wi mir
de grad gar nüt lo säge.
Und öppis wöu er de
klar feschtghaute ha:
Üse Heiland heig
i drüedriissg Johr
überhoupt nie müessen erbräche,
aber de grad überhoupt gar nie,
und süsch söu i nim
di Stöu zeige i der Bibu,
wo das drinne stöng,
aber sofort.

Und es sig scho schlimm gnue,
we der eiget Suhn
ke Reschpäkt vor em Hung heig
und der Vatter bsoffe aalachi,
aber we de der bescht Kolleg
no d Schrift aaföng verdrääie,
de sig aues kabutt.

Em Hugo si Vatter

Won är chliin sig gsi,
der Greppehugo,
het er mer eismou verzöut,
heig er auben am Samschtig
stundelang em Vatter
bim Outowäsche zuegluegt.

E roten Opu heig er gha,
em Greppehugo si Vatter,
en Opu Rekord.
Und scho denn,
won är no chliin sig gsi,
der Greppehugo,
heig er irgendwie gmerkt,
dass si Vatter im Grund gno
zimlech en arme Siech sig,
wo d Freizit nume bruuchi
für das piinleche Outo z wäsche,
won er doch eigetlech
ds Talänt hätti gha
für öppis us sech z mache
und us däm komische Läbe,
wo doch so schnäu verbiigöng.

Und das miech ne hütt no fertig,
wen er aube mües dradänke,
dass si Vatter ds haube Läbe lang

nüt angers gmacht heig,
aus am Samschtig das Outo z wäsche
uf em chliinen Abstöuplatz
vor em Block am Greppewäg.

Är säuber,
är heigs ganz angers gmacht,
är sig ds Gägetöu vo sim Vatter,
mou, är heig mängs erläbt,
mir chönge nims gloube,
het er betont,
heig strubi Zite düregmacht,
heig grad gar nüt usseglo
(we mer wüssi, was er meini),
heig immer hert am Wind gläbt,
heig gmeint, är heig aus gseh,
heig nid ddänkt, dass ne no öppis
chöng erschüttere,
heig nüt me Verruckts erwartet,
heig Konventione cool gno,
heig sini Sach im Griff gha,
heig niemerem öppis gschuudet,
heig vo sich chönne säge,
är heig aues uf em Schlitte.

Aber dass er jetze
dört i däm Kuba unge
i dene churze Summerferie
e Frou heig glehrt kenne,
e Superfrou übrigens,
e Frou, wo mänge vo üüs hie

nume chöng tröime dervo,
und dass nächhär uscho sig,
won er äntlech sig zue sech cho,
dass di Frou vo dere Bar vo Kuba,
di Frou, wo so extrem chöng tanze,
di Frou, wo so akzäntfrei Spanisch redi,
di Frou, wo so perfekt usgsääch,
di Frou, wo so exotischi Ouge heig,
eigetlech vo Oschtermundige chöm,
das heig ihm z dänke ggä,
das heig ne drusbbrocht,
das heig ihm hingeregstrählet,
das heig ne fertiggmacht.

Göng doch nid äxtra uf Kuba abe
für nächhär dört unge
eini vo Oschtermundige lehre z kenne.
Das heig är doch nid nötig.
Und dass är, Greppehugo,
wen er e Frou vo Mundige hätt wöue,
nid vierzäh Tag Havanna Voupension
hätt müesse bueche
und dass er so eini
dohie uf jede Fau
büuiger hätt chönne ha.

Und das heig er dere dörte,
dere fautsche Kubanerin,
ou grad graad i Gring use gseit,
und zwar uf Bärndütsch.

Dört düre sig er suber,
dört düre kenn er keni Haubheite,
dört düre sig er ehrlech,
dört düre sig er gnadelos,
dört düre mües ihm keni cho,
dört düre sicher nid,
nei, ihm nid, em Greppehugo,
und scho gar nid eini,
wo bruunbbrönnt und sexy
z Havanna inere Bar umehangi
und e karibischi Körperhautig aanähm
und Turischten aalachi
und Daiquiri mit vüu Iis suuffi
und es ärmuloses Liibli anneheig,
wo «Che Guevara» druffe stöng
und «Hasta la victoria siempre»
für dass me grad mües aanäh,
si ghöri dörte zum Inväntar,
und dass me jo nid öppe merki,
dass ihre Vatter dänk
ou jede Samschtig
vor irgendemne Block
z Oschtermundige
der Chare heig schamponiert.

Ungerdesse wüss er ou,
dass si z Deisswiu
ir Kartonfabrigg schaffi
und am Firmefescht jedes Johr
im Saau vor Linge z Stettle
«Luegit vo Bärge und Tau» singi.

Wi gseit, är heigs z spät gmerkt,
und drum heig er se jetz.
Sig äuä säuber tschuud,
heig haut nid rächtzitig tschegget,
dass die öppe sövu kubanisch sig
wi ne Näbutag ir Schofschöuti.

Aber äbe, we men A sägi zunere Frou,
das sig eis vo sine Prinzipie,
de mües me nid nume B säge,
de mües me ds ganzen Auphabet abebätte,
de mües me zu dere Frou stoh,
de mües me d Situation akzeptiere,
de mües me ds Beschte drus usehole,
ou wenn d Wohrheit mängisch weh machi,
ou wenn d Brüüni vom Solarium chöm,
ou wenn si das Che-Guevara-T-Shirt
hütt nume no aus Pischama bruuchi.

Und wen er jetze grad
so drüber nochedänki,
sig ds einzige Kubanische anere
no di auti CD
vom Buena Vista Social Club,
wo si mängisch no zäme losi,
wenn si Kuba-Fötteli aaluegi
uf däm wiisse Lädersofa,
wo schiins eigetlech
ihrem Exfründ würd ghöre,
emene Ussedienschtler
vor Helvetia-Versicherig,

wo wahnsinnig Flugangscht heig
und drum nid mit uf Kuba sig cho
und wo das Sofa jetze
eifach nie chiem cho abhole.

Eso sig das,
aber we mes genau aaluegi,
het er no wöue ungerstriche ha,
der Greppehugo,
göngs ihm vor auem drum,
dass men ihn echli verstöng
und dass niemer chöng go umeschnore,
är sig gliich worde wi si Vatter.

In Zaire

Uuh, es schmöckt,
es schmöckt nach Kunschtiisbahn,
und en Iiisbahn schmöckt immer,
schmöckt immer,
schmöckt immer gliich,
schmöckt überau gliich.

Schmöcket der, wis schmöckt?
Schmöckt echli nach Pubertät
und nach däm komische Pöntsch,
wos aube no het ggä
und hütt immer no git
i denen Iisbahn-Restaurant.

I bi scho mou z Italie gsi
uf ere Kunschtiisbahn,
mou, i bi mou z Italie
und einisch z Burgdorf
und einisch z Züri gsi
und es het uf aunen Iisbahne
haargenau gliich gschmöckt.

Es schmöckt eifach,
aber nid nach Iisbahn.

Nei, vor auem schmöckts uf eren Iisbahn
immer ou chli nach Zwöifränkler!

We mer aus Giele
auben uf d Iisbahn si,
was denn no «Schlööf» het gheisse,
we mer auso uf d Schlööf si
am Midwuchnomittag,
de het der Vatter
jedem e Zwöifränkler
i d Hang ddrückt.

«Nämet de ne heissi Ovo»,
het der Vatter gseit,
«Buebe,
nämet de ne heissi Ovo.
E heissi Ovo tuet nech guet.»

Und d Mueter hingerfüre:
«Jawoll, e heissi Ovo,
das wärmt, dasch gsung.»

Und de si mer ueche,
de si mer gfahre,
si mer der Hoger uuf,
si mer pedalet
wi d Stiere,
wöu d Iisbahn, auso d Schlööf,
di isch dobe gsi,
uf emne Hoger obe,
uf em Schoore,
uf em Schoorehoger,
und mir auso ueche
mit de Velo,

jede ne Zwöifränkler im Sack
und em Vatter
sis Sprüchli im Ohr:

«Buebe, nämet de ne heissi Ovo.»

Und nächhär hets eso gschmöckt,
uuh, het das gschmöckt!

Das het gschmöckt nach Iisbahn,
das het gschmöckt
nach füechtem Schliifschueläder,
nach füechte Wulesocke,
nach füechte Händsche,
nach füechte Pullöver.

Wär nid weis,
wi nen Iisbahn schmöckt,
dä het vo nüt en Ahnig.

Und ir Buvette
hets no meh gschmöckt,
nach Rio 6 und Rössli 7,
nach Pommes frites
und äbe nach däm Pöntsch.

Und der Brüetsch
het mi Zwöifränkler
eifach enteignet,
zwangskonfisziert.

Das het ke Ovo ggä
vo däm Zwöifränkler,
derfür sibe Singeli
us der Wurlitzermaschine.

«Angie» vo de Stones vilecht
und öppis vo de Status Quo
und öppe föif Mou nachenang «In Zaire»
vo eim, wo Johnny Wakelin het gheisse
und so nen Afrolook het gha
uf em Plattecover.

«In Za, in Zaire,
in Za, in Zaire»,
het dä di ganzi Zit gsunge.

«In Za, in Zaire,
in Za, in Zaire»,
das isch vüu besser gsi
aus jedi verdammti Ovo vor Wäut.

Und vor Chantal hets gheisse,
bi däm Song chöng me se küsse
und chli a re schmöcke
und am beschte schmöck si,
wenn si vier Tag lang
nid dduschet heig.

I ha nid gwüsst,
obs würklech stimmt.

«Wenn d Chantal
vier Tag lang nid het dduschet»,
hei di öutere Giele gseit,
«de schmöckt si wi ne Blueme.»

Und wenn «In Zaire» louffi,
de lies si sech lo küsse.

Und «In Zaire» isch immer glouffe.

Zaire isch bi üüs gsi,
mir hei «In Zaire» glost
und si dörte gsi,
dank mir,
dank mim Ovo-Gäut.
I ha nie en Ovo gha.
Aber was isch en Ovo
gäge so ne Song?

«Once there was a battle there.»
Und de so ne Chor:
«In Za, in Zaire.»

«Hundred thousand people there.
In Za, in Zaire.»

Und mir hei jo das gwüsst,
mir hei jo dä Kampf kennt,
der Muhammad Ali,
win er gäge Foreman het gwunne
z Kinshasa,

in Za, in Zaire,
in Za, in Zaire.

Klar,
söttigs Züüg het me gwüsst.

Wöu der Ali,
dä het für di Schwarze kämpft
und der Ali isch der Bescht gsi
und in Zaire hets nume Schwarzi
und der chlii Gummiruedi,
dä vo Bützberg,
wo so lut het chönne lache,
dä isch ou schwarz gsi,
adoptiert,
hets gheisse,
schwarz wi der Ali,
aber Bärndütsch gschnoret,
der chlii Gummiruedi.

Dasch der einzig Schwarz gsi,
wo mer pärsönlech kennt hei,
der Suhn vo däm,
wo der Pnö-Handu het gha
ar aute Züri-Bärn-Strooss
und es Kameu vor em Lade
oder es Dromedar,
wo nim schiins mou eine,
en arabische Gummihändler,
eifach so gschänkt heig gha.

Üsi Kunschtiisbahn,
d Schlööf uf em Schoore,
het mängisch ou chli
nach däm Kameu gschmöckt,
wo jedes Ching kennt het,
wöus em Gummiruedi si Vatter
a d Strooss het gstöut.

Und üse Vatter hätt wöue,
dass mer e heissi Ovo näh,
aber der Brüetsch
het ds Gäut bbruucht
zum der Muhammad Ali fiire,
in Za, in Zaire,
in Za, in Zaire.

Und d Chantal
het sech zu däm Song lo küsse,
nid vo mir,
vo mir nid,
aber si het scho,
si hets scho gmacht,
i has säuber gseh,
und i has gschmöckt,
wen ou nume
vom Ghöresäge.

Am beschte schmöckt d Chantal,
wenn si genau vier Tag lang
nümme dduschet het.

Wenn d Chantal nid duschet,
schmöckt si am vierte Tag
wi ne Blueme.

Und us em Lutsprächer
vo deren aute Wurlitzer:
«In Za, in Zaire»,
und us de Lutsprächer
über em Iisfäud:
«In Za, in Zaire»,
und nume zwüschine
d Stimm vor Frou vor Kasse:
«Es git e Wächsu,
sit so guet,
e Wächsu uf em Hockeyfäud,
es chunt jetz d Gruppe Beerli.»

Es schmöckt nach Naseblüete,
es schmöckt nach Kleenex,
es schmöckt nach Zaire.

Und der Gummiruedi,
dä heig sech ds Läbe gno,
aber erscht spöter,
wenns überhoupt stimmt.

In Za, in Zaire,
in Za, in Zaire.

Hütt heissts wider Kongo,
aber denn, wo der Ali

gäge George Foreman
dä Boxmätsch het gha
im Nüünzähvieresibezgi,
denn hets uf au Fäu
no Zaire gheisse,
und Zaire isch üüs nööch gsi,
ömu nööcher
aus, säge mer einisch,
der Irak.

Zaire het gschmöckt
wi ne Kunschtiisbahn
und d Chantal het gschmöckt
wi ne Blueme
und der Irak, dä het denn
no gar ke Gschmack gha,
ömu nid für üüs.

Und nächhär, aber spöter,
sehr vüu spöter,
het der Irak nach Öu gschmöckt,
nach Öufäuder, wo brönne.

Und jetz säge si scho,
der Irak sig den Amis
ihres zwöite Vietnam,
und wäge Vietnam
het der Muhammad Ali
der Militärdienscht verweigeret
und isch i d Chischte cho.

Und das hei mir gwüsst
aus Giele,
dass es Muet bruucht
zum Boxe
und zum Dienschtverweigere
und dass es schwär isch,
i dere Wäut e Schwarze z si,
und dass d Chantal
sech lot lo küsse,
wenn «In Zaire» louft.

Und der Irak
het nach nüt gschmöckt
und jetz chunt der Irak
ou nümm so vüu im Fernseh,
wöus nach toten Araber schmöckt,
und d Lüt hei lieber,
wes nach Fichte schmöckt,
zum Bispüu im Outo,
nach Fichten oder Sanduhouz,
wenn si uf der Outobahn
chli gäge Süde fahre
mit irgend sore Chantal,
wo guet würd schmöcke,
we mes würd merke.

Aber är merkt nüt
mit sire Coci-Nase
und schautet der Radio ab,
wenn d Nachrichte chöme,
wöu ers eifach nid ma verliide

das ewige Glafer
vo Bombenattentat und so,
und lieber fahrt er chli
mit der Chantal i ds Tessin.

Und är weis nüt
vom Schoore,
vor Ovomautine,
vom Gummiruedi,
vom Kameu ar Züri-Bärn-Strooss,
vor Chantal
oder vo däm super Song.
In Za, in Zaire,
in Za, in Zaire.

Är weis nume,
dass dä Schofsecku vor ihm
uf der Outobahn
hundertfüfzäh fahrt
statt hundertzwänzg,
und für das hätt er weis Gott
ke söttige Chare bruuche z lease
für hinger so eim
hundertfüfzäh z fahre
mit emne Turbo,
wo zwöihundert miech
oder no meh,
locker.

Und d Chantal mas nümm ghöre,
ma sis Gliir nümm ghöre,

sini Wuet gägen aui,
wo nid schnäu gnue fahre,
und sini Wuet gäg aui,
wo nim im Wäg si.

Si tröimt chli vom Fritschi,
wo gäng so nätt isch zue re
uf der Büez und i de Pouse,
so angers aus är jetz grad.

Der Fritschi schmöckt angers,
der Fritschi schautet der Radio
nid eifach ab,
wenn d Uslandnachrichte chöme.

Und der Muhammad Ali
het der Schlotteri,
isch nümm dä,
isch nümm dä Hoffnigsträger,
wos vo nim gheisse het:

«Came a man called Elijah.
In Za, in Zaire.
With him came the superstar.
In Za, in Zaire.»

Nei, der Ali het hütt
nume no der Schlotteri.

D Närve, weisch,
d Närve, d Närve,

es si d Närve,
bi ihm sis nume d Närve,
d Närve, d Närve, d Närve.

Und klar,
jetz wird gschnoret,
dasch scho klar,
jetz schnore si,
natürlech,
im Hingerdrii,
im Hingerdrii cha jede,
im Hingerdrii chasch immer,
im Hingerdrii
bisch gäng schlöier.

Aber eis cha nech säge,
wen i der Ali gseh
mit sim Schlotteri,
de schmöckt er gliich immer no
nach Kunschtiisbahn.

Und der Ali het nid,
der Ali het nid,
der Ali het nie,
der Ali het nid gschosse
gäge Vietnamese,
«für was söu i
gäge Lüt schiesse»,
het der Ali gseit,
«wo mir nie öppis
hei zleid to.»

Di Wiisse heige ne ploget,
siner wiisse Landslüt,
nid d Vietnamese,
und lieber
isch er i d Chischte
aus i Chrieg.

Und wenns hütt
meh sörigi gub,
dänkt d Chantal
näben ihrem Fründ
uf der Outobahn,
näbe däm Idiott,
wo kei Ahnig het,
wi d Chantal schmöckt,
wöu er nie en Iisbahn
vo inne het gseh.

Und d Chantal summet:
«In Za, in Zaire,
in Za, in Zaire»,
aber är küsst se nid,
är mues sech konzentriere
und i ds Tessin,
mou es Weekend chli go chille,
mou chli Wellness und so,
mou ändlech chli abefahre
dä verdammt Motor.

Und bim Fahre
macht är der gliich Gring

wi der Iismeischter aube,
wen er uf sire Iismaschine
d Iisbahn putzt het
i de Sibezgerjohr
uf em Schoore.

Und mir hei ab em Iis müesse.
Und i ha chaut gha,
hätt gärn en Ovo gha,
eifach nume ne heissi Ovo,
aber dä Zwöifränkler,
dä isch furt gsi,
verblose
mit dere Melodii,
wo d Chantal ou hütt no,
mit über vierzgi,
chli truurig macht.

«In Za, in Zaire»,
und si würd doch gärn mou
es Wuchenänd deheime blibe
und eifach i d Badwanne hocke,
aber är wott i ds Tessin,
we me scho mou cha.

Git ou im Tessin schöni Egge,
wos fasch kener Schwobe
und aus no rächt ächt
und so chliini Grottos und so,
originau und unverfäutscht,
muesch es äbe kenne,

und apropos Schwobe,
worum schliicht dä Möngu,
worum mues es mi immer
hinger so ne Schliicher preiche.

Und i gloube ghört z ha,
der Gummiruedi heig sech spöter
ds Läbe gno,
wenns wohr isch.

Aber i hätt uf deren Iisbahn
nie der Verdacht gha,
dass eine, wo so lut cha lache,
einisch nümm wott läbe.

Es het nach Pöntsch
und nach füechtem Läder
vo de Hockeyhändsche gschmöckt.

Dr Chantal ihre Typ
schmöckt nach Calvin Klein
oder süsch somne Züüg,
wo d Fläsche hundert Franke
oder no meh choschtet,
was früecher füfzg Ovos
oder füfzg Mou sibe Singeli
hätt chönne si.

«In Za, in Zaire,
in Za, in Zaire»,
summet d Chantal

und dänkt a Fritschi,
wo sen immer so lieb aaluegt
und eigetlech nach nüt schmöckt,
ömu nach nüt Gruusigem,
und vilecht
sött si öppis mache.

Und im Radio säge si grad,
dä Chrieg im Irak
heig scho soundso vüu Läbe,
wöu eigetlech
sige das ganz vüu
verschideni Chriege,
wo parallel verlouffi,
aber är regt sech uuf
und stöut der Radio wider ab
und tuet so ne CD drii,
öppis vo Plüsch,
wo d Chantal am liebschte
würd verbiete.

Und de si mer nächhär aube hei,
si mer hei vor Iisbahn,
hei mer ds Velo gno,
der ganz Hoger z dürab
hei mers lo lüte
und wahnsinnig a d Finger
und a d Ohre gfrore.

«Heit der chaut gha?»,
het der Vatter gfrogt.

«Gäuit, dasch guet,
zwüschine chli ufwerme
und ir Buvette ne heissi Ovo.»

Und mi Brüetsch het gseit,
wen i öppis sägi, gäbs Brätsch.

Und d Chantal, di wär jetz lieber
nid ungerwägs i ds Tessin,
und im Outobahnrestaurant
hets kener Wurlitzermaschine,
aber en Eifränkler
bruuchsch gliich
zum go schiffe,
und wen är nid so ne Tubu wär
und mou chli zärtlech,
würd si ne jetz küsse.

Aber der Muhammad Ali
het mit de Närve,
d Närve, d Närve, d Närve,
es si d Närve.

Und d Kunschtiisbahnen
uf der ganze Wäut
schmöcke chli nach Pöntsch
und nach Chantal
und nach Kinshasa:

In Za, in Zaire,
in Za, in Zaire.

Di Frou vor Schiessbude

I bi wahrschiinlech
liecht bsoffe gsi
und ha chli Ranzeweh gha.

Es isch Novämber gsi
und uf der Schützematt
gäng no di Chüubi
wäg em Zibelemärit.

Und a däm Oobe
hets zwüschine grägnet,
aber nid fescht.

Es isch öppe nüüni gsi
und me het nid rächt gwüsst,
mache si nöchschtens de grad zue
oder geits jetze
de ersch richtig los.

Und us em Lutsprächer
vo dere blöden Ufen-und-abe-Bahn
ghörsch so ne Seich wi
«Okay people,
häbet öi fescht!
Yesss!
Es gaht i di leeetschti Rrrundi!»

Und di paar wenige Froue,
wo dört druffe si ghocket,
hei nume no ggöisset.

Aber wäge däm
gits jo di Bahne überhoupt,
dass di junge Froue chöi göisse
und dass di junge Manne chöi lose,
wi das tönt, we d Froue göisse.

Und i bi bi dere Schiessbude gstange,
ha wi gseit echli Ranzeweh gha
vo däm aute Magebrot
oder vo däm Voutubu,
wo bir Ufen-und-abe-Bahn
gäng so überdrääite Züüg
het i ds Mikrofon gmöögget.

Ob i mis Glück wöu versueche,
frogt si, die vor Schiessbude.

Und ehrlech gseit
het si mer no gfaue
mit denen änge Jeans
und däm rote Wüudläderjäggli
und dene blonde Strähne
und dene Tätowierige
a de Handglänk.

I wöu numen es Röseli schiesse,
sägen i äntlech zue re,

aber eis vo dene grosse,
und was das choschti.

Es chöm dänk druf aa, seit si,
wi guet dass i preichi.
E guete Schütz, seit si,
bruuch öppe drü Schüss.

I sig aber ke guete Schütz,
sägen i zue re,
eifach so
für echli mit ere z rede,
wöu si mer doch het gfaue.

Aber gliichzitig merken i,
wi das Ranzeweh
vo däm aute Magebrot
gäng schlimmer wird.

Aber do het si ds Gwehr
scho glade und gspannt gha,
eso dass i fasch bi zwunge gsi
das Gspräch z ungerbräche.

Und won i über dä Schrage ligge
und das Gwehr i Aaschlag nime,
wirds mer afe schlächt
vo däm Ranzeweh
und i gseh nume no schwarz,
sogar das Wüudläderjäggli
und di blonde Strähne

und ihri wiisse Stifle
si ufs Mou schwarz.

I lo ds Gwehr lo gheie
und cha grad no a Bode huure,
bevor das ganze Magebrot
wi ne Fontäne
us mer usesprützt.

I ha mer nid vüu lo aamerke
und ha de das Röseli
gliich no gschosse,
und wo si mers git,
ha re gseit, si chöngs bhaute,
bitte sehr,
es sig ihres,
i heigs für si gschosse.

Aber i bi äuä nid der erscht gsi,
wo di Idee het gha,
wöu si het nume müed glächlet
und scho der Nöchscht bedient,
und ungerdesse
het ihre chliin Hung
unger em Schiessbudewage
d Räschte zämegschläcket
vo mim aute Magebrot.

Der Cubillas

Är chöng nid säge, worum,
aber dä Gügi Sermeter,
dä erinneri ne haut eifach a Cubillas,
het der Bärnu jedes verdammte Mou erklärt,
wenn der Sermeter wider einisch
uf der rächte Site düremarschiert isch
wi nes jungs Rehli.

Es sig guet, mir wüssis de öppe,
hei mer aube zrügg ggä,
und är söu ändlech einisch
vo däm ewige Cubillas ufhöre,
wöu nämlech sowiso niemer meh wüss,
wär dä Cubillas sig gsi.

Der Cubillas sig der Cubillas,
isch es de aube vom Bärnu zrügg cho,
und dä heig sinerzit e Saison bi Basu gschuttet,
obwou ers gar nid nötig hätt gha,
wöu er z Südamerika nide
scho lengschtens e Star sig gsi.

Jo, guet, das säg er jedes Mou,
aber wäge däm sigs gliich nid sicher,
ob er dä Cubillas nid eifach erfunge heig,
hei mer aube gseit.

«Gopfertami, der Cubillas isch z Basu gsi!»,
het sech de der Bärnu gäng ergeuschteret,
«i cha nechs bewiise,
ha deheime no nöimen e Fotti,
won i denn gmacht ha,
won er aus Ehregascht a ne Crosslouf isch cho
z Langetau uf em Hingerbärg.»

Uh, und de isch es aube schön gsi,
we mer der Bärnu gfrogt hei,
ob jetz dä Cubillas plötzlech z Langetau sig gsi,
won er doch vorhär grad heig behouptet gha,
dä sig sinerzit z Basu gsi.

Dä Iiwand het der Bärnu jedes Mou
butzverruckt gmacht.
Bi Basu heig er gschuttet,
aber z Langetau sig er Ehregascht gsi
amene Crosslouf und dört heig er ne fotografiert.
Und wi mängisch dass er das no mües erkläre,
bis es ändlech au zäme kapiert heige.

Är mües gar nüt erkläre,
hei mer aube a dere Stöu gseit,
är söu der Mätsch luege und gniesse,
we mer doch ändlech wider
einigermasse e Mannschaft heige.

Jo, das sig scho wohr,
het der Bärnu aube müesse zuegä,
YB sig wider rächt guet worde,

aber das sig vor auem em Gügi Sermeter z verdanke,
wo ne vo sim Stiiu här, är mües es eifach betone,
haut immer irgendwie a Cubillas erinneri.

Und ob mer no wüssi,
wi d Peruaner denn ar WM z Argentinie
i di zwöiti Finaurundi sige cho
mit em Cubillas aus Käpten,
eso ne Klassefuessbauer
sig das gsi, dä Cubillas,
und eso elegant und eso bausicher
und eso blitzschnäu und eso brandgfährlech
und eso chautblüetig und eso schussgwautig
und technisch eso perfekt.

Wiso dass de niemer meh
öppis wüss vo däm ungloubleche Cubillas,
hei mer aube wöue wüsse.

Wöu d Fans äbe
kes Gedächtnis heige,
nume wäge däm,
het sech de der Bärnu jedes Mou ufgregt,
kes Gedächtnis und kes Gschichtsbewusstsii
und ke gar nüt.

Und am Schluss isch er aube
derewä hässig gsi uf üüs,
dass er di zwöiti Haubzit
i ne angere Sektor isch go luege.

Das wär wahrschiinlech no lang eso ggange,
aber sit dass er di Streifig het übercho,
der Löiebärger Bärnu,
het das komplett ufghört
mit däm Cubillas.

Und wenn jetz aube uf der rächte Site
der Gügi Sermeter
di gägnerischi Abwehr ustanzet,
de runzlet der Bärnu nume no d Stirne
und seit echli verzwiiflet,
irgendwie dünks ne,
das Achti vo YB heig e gwüssi Ähnlechkeit
mit eim, wo früecher einisch,
är wüss grad nümm bi wäm, gschuttet heig.

Und de luege mer enang auben aa
und schäme nis echli,
wöu mer nim doch chönnte häuffe,
aber gliichzitig nid möchte riskiere,
dass es wider vo voore aafot
mit däm ewige Cubillas
und däm ganze Seich.

Denn z Basu

Und de sig der Otti z Basu gsi,
so imene Chäuer unge,
d Susle heig ne mitgschleipft,
eini, wo bi ihm ir Bude
es Büropraktikum macht.

Di Susle sig äbe
z Basu ufgwachse
und drum kenni si Basu
wi ihren eiget Hosesack,
obwou si ir Letschti
fasch lieber Röck anneheig,
aber das tüeg grad nüt zur Sach.

Was är wöu säge, sig eifach,
dass di Susle Basu im Griff heig
und wäge däm ou heig gwüsst gha,
dass dört i däm Chäuer unge,
der Name wüss er jetz nümm,
gäng es super Programm louffi,
gäng öppis Kulturells,
gäng öppis Avantgardistisches,
gäng öppis, wo nes birebitzeli
em normale Trend voruus sig.

Sig er auso mit dere Susle
aben i dä Chäuer,

sig brätschvou gsi,
aus taduloses Partyvouk,
au zäme schwarz aagleit
mit schwarze Brüuegstöu
und schwarze Rouchrägeler.

Au zäme fasch usgseh,
wi wenn si nume grad churz
vore Wi-Ai-Pi-Party
i dä Chäuer abe wäre
und wi wenn sis eigetlich
gar nid nötig hätte,
a somenen Ort abztouche,
wöu si kulturell
und eventmässig und so
scho ganz angers Züüg erläbt
und begriffe heige.

Guet,
är sig afe grad a d Bar,
für d Susle nes chauts Draft,
für ihn säuber es Spezli.

Heig er zwänzg Minute gwartet,
sibenezwänzg Franke
plus zwöi Mou Depot
und e Zämeschiss vor Barfrou,
wöu ers nid chliiner heig gha.

Nächhär sige si e gueti Stung
i däm Gstungg inne gstange

und heige so wi aui dört
e glängwileten Iidruck gmacht.

Aber e Stung, das sig no gar nüt,
heig d Susle betont.

Mängisch föng dohie
ds Programm drü
oder no meh Stung spöter aa,
aus uf em Flyer stöng.

Wöu das sig äbe Style
und pünktlech aafo
sig öppis für Spiesser
und für Leie-Theater-Gruppe.

Am öufi sig de ändlech,
ändlech eine uf d Büni,
so nes auts, brings Manndli
mit wiisse, schüttere Hoor
und ere zimlech änge Chutte.

Dä Typ sig i de Staate
en absoluti Jazz-Legände,
heig nim d Suslen erklärt.

Im Zueschouerruum sigs afe
totestüu worde.

Nächhär heig dä eifach
chli zämehangsloses Züüg

vor sech häre gmurmlet,
aber d Lüt heige ganz ergriffe
und absolut ufmerksam zueglost.

Kult, sig das,
absolute Kult,
heig eine vor em Otti
zu däm näbedranne gchüschelet.

Do gsääch me jetz grad,
wi ungloublech unmittubar
und wi unkünschtlet
und wi ungschliffe
und wi outäntisch
dass dä Typ no sig
trotz sim Name z Nöi York.

Und wo der Otti nächhär
zur Susle gmeint heig,
är persönlech,
är fing dä Männdu dört voore
ender chli verwirrt,
heig si «bschscht» gmacht
und gseit,
är söu zuelose
und är heig jo kei Ahnig.

Dä schaffi mit der Ambivalänz
und mit der Irritation
und grad das Ambivalänte,
grad äbe di Verweigerig,

90

di totali Ablehnig
vo jedere plumpen Ästhetik
ghöri zu däm sim Konzept.

Und wen er Mainstream wöu lose,
de söu er deheime blibe,
de mües er nid mit ihre
äxtra uf Basu abe cho
und scho gar nid i dä Club,
wo schliesslech nid für nüt
totau aagseit sig.

Und wo dä Star
ou no heig aagfange
mit zuenen Ouge
uf der Büni umetanze,
sig d Ergriffeheit
vom ganze Publikum
immer wi töifer worde.

Sogar wo dä aagfange heig
mit sine vulgäre Beschimpfige
und immer «fuck you all»
und «shit, shit, shit»
und «everybody go home»
und so Züüg rüefe,
heigen au zäme begeischteret
im Rhythmus vo däm sine Wort
d Oberkörpere bewegt
und derzue gchlatschet.

Erscht wo dä aut Maa
lut i ds Mik ine ggorpset
und uf Basudütsch
heig aafo liire,
är wöu jetz no ne Fläsche Bier
und vor auem wöu er
sis Iitrittsgäud zrügg
und das sig jo nüt
aus e verdammte Saftlade
und ou d Getränkepriise
sigen unger jedem Souhung,
heige d Security-Lüt ungerenang
Blickkontakt gsuecht und gmerkt,
dass das gar nid e Künschtler sig,
sondern irgendeine,
irgend en Alki,
eine vom Quartier,
wo do nume ds Chaub machi.

Öpper heig sofort
der Verstercher abgstöut
und de heige si ne packt
und us em Chäuer use gschleipft,
di ganzi, ängi Stäge z düruuf
bis usen a di früschi Luft.

D Stimmig im Klub
sig nächhär für ne Moment
grad relativ töif
im Chäuer unge gsi.

Und ou wo de der richtig Act
nächhär äntlech heig aagfange,
e Jazzband us Mänhätten,
sigs stimmigsmässig irgendwie
nümm ganz eso speziell gsi
wi vorhär
bi däm aute Maa.

Eifach schön

I dänkes jedes Mou wider,
säget säuber,
si isch haut eifach schön,
üsi Autstadt.

Mou,
eifach schön isch si
mit dene schöne, aute Hüser,
mit dene schöne Brünne
und dere schöne Sicht
uf di wunderschöne Bärge.

Me chas nid gnue säge,
si isch eifach schön,
üsi Autstadt.

Aber gäuit,
ohni di Schmierereie
a de Wäng
wärs haut scho no schöner.
Dasch ke Frog.

Und mängisch frogen i mi,
worum dass die das mache,
di Junge,
das schöne Aute
derewä go verschmiere.

Vilecht hei si
süsch nüt.
Oder z vüu,
vilecht hei si haut
süsch z vüu.

Mir, mir hätte haut aube
zu üser Zit
gar nid Zit gha
für söttigs.

Aber gloubet mers,
no we mer Zit hätte gha,
hätte mers nid chönne mache,
wöu mer ke Gäut hätte gha
für di Füuzstifte z chouffe
und di Farbdose.

Das Züüg isch nämlech tüür,
i cha nechs säge.

Aber no we mer Zit hätte gha
und Gäut zum dere Farbware chouffe,
hätte mers gliich nid gmacht,
wöus eifach nid wär drinn gläge,
scho wäge de Vättere,
wo denn vüu stränger si gsi
aus di Vättere vo hütt.

Und wüsst der was?
I gloube, no wen i Zit hätt gha

und Gäut für di Farbdose
und e liebe Vatter,
de hättis äuä gliich nid gmacht,
wöu i nid hätt gwüsst, was schribe.

Hättet dir gwüsst, was schribe?
I meine jetz,
eifach mou aagno,
dir hättet Zit gha
und Gäut für di Farbdose
und e liebe Vatter,
wo nüt hätti gseit,
wenn der di schöne, aute Wäng
hättet vougschribe.

Wobii,
wen i mers genauer überlegge,
eigetlech hätt me jo gar nüt
müesse schribe.

Ig säuber hätt äuä
nüt gschribe,
nume so ne Zeichnig
hätti vilecht gmacht,
wüsst der,
öppis Ähnlechs
wi di farbige Zeichnige,
wo di mängisch mache,
di Sprayer,
aber eini,
wo me wär nochecho.

Jo, das wär vilecht schön gsi,
e schöni Zeichnig,
das hätti denn äuä gmacht,
eso ne Zeichnig,
wo ds Münschter druff wär gsi
und der Zitgloggeturm
und der Chindlifrässerbrunne
und vilecht no di wäutschi Chile
und hingerdranne d Aupe
mit emene Sunnenungergang.

Genau eso hättis äuä gmacht,
schön und sorgfäutig
i fröhleche Farbe,
eso dass di schöni Autstadt
no vüu schöner wär worde.

Di ganzi Nacht
hätti dranne gmacht
und hätt mer Müe ggä,
hätt vorzeichnet
und usgfärbt,
uuh dir,
das wär so schön worde,
dass es mer sehr wahrschiinlech
ou gliich wär gsi,
we mer der Vatter zletscht
hätt ufe Ranze ggä.

Dankbarkeit

I bi jo weis Gott nid heiku,
nie gsi
unger üs gseit.

Und wen ig i dere Metzgerei
au Monet öppe hundert
oder no meh Franke lo lo ligge,
de machen i das,
wöu i eifach ums Läbe gärn
Fleisch isse,
und wäge gar nüt angerem.

Nei, i bi nid empfindlech,
ha eifach gärn Fleisch.
Und i erwarte ou gar nid,
dass sech dä Metzger Hotz
für jedes Gotlett, won i chouffe,
oder für jedi Läberwurscht
hundert Mou vor abe bückt.

Und gliich: Es «Danke schön»
wär haut es «Danke schön»
und es «Merci vüu mou»
wär es «Merci vüu mou».

Aber nei, es git ims äuä
eifach der Gring nid zue,

däm stuure Büffu,
däm Metzger Hotz.

«Grüessech», seit er,
«jo gärn», seit er,
«darfs süsch no öppis si?», seit er,
«chöit ders eso näh?», seit er,
«i däm Fau», seit er,
«heit no ne schöne Tag», seit er.

Und was wär jetz das,
wenn dä Metzger Hotz,
wen er doch scho am Schnore isch,
ou no «Merci, Herr Hosner»
würd säge?

Das wär flott,
das wär Aastang,
Chundebindig wär das,
Quartiermarketing,
es Minimum a Höflechkeit wärs.
Aber nei, ums verrecke nid.

I bi würklech nid heiku
und i ha wi gseit
schon es haubs Vermöge lo ligge
i dere tonners Metzgerei,
aber we dä Metzger Hotz
i au dene Johr
nid es einzigs Mou
«Danke» cha säge,

de fon i mi irgendeinisch aafo froge,
ob is nid gliich irgendwie
mües persönlech näh
und mini Konsequänze mües zie.

I wott jetz nid stürme,
aber es chunt no so wit,
dass i wäge däm Metzger Hotz
aafo Tofuplätzli frässe
und Sojawürscht
are Linsecrèmesauce,
bis mer schlächt wird,
vilecht lehrt ers de denn
und seit de ändlech mou
«Danke beschtens»
oder «Merci, Herr Hosner»
oder «Vergäuts Gott».

Eso dass i zletscht chönnt säge:

«Es isch scho rächt, Herr Hotz,
nüt z danke,
i danke öich vüumou,
uf Widerluege, merci.»

Ferienerläbnis

Vilecht kennt öpper dohie
zuefäuig der Egger,
eine, wo aube vor em Aperto
are grosse Büchse Bier mämmelet
und aune, wo vor dürelouffe,
lut und überfründlech
«Grüessech» seit.

I kenne ne säuber nid so guet,
aber einisch chürzlech
sig er im Radio cho,
hei si verzöut,
bi sore Sändig
amne Nomittag,
wo me heig chönnen aalüte
und es Ferienerläbnis
us em Tessin verzöue.

Heig er immer wider
vergäbe versuecht dürezcho,
bis einisch plötzlech
öpper abnähmi und sägi,
är sig jetz dranne
und är chöng verzöue.

Ob er scho uf Sändig sig,
heig er gfrogt zur Sicherheit.

Jawohl, heig d Moderatorin gantwortet,
und är söu bitte afe säge,
wie dass er heissi.

Är heissi Bärni,
heig der Bärni gseit,
Egger Bärni
vo Attiswiu,
und das,
won er wöu verzöue,
sig es Ferienerläbnis
vo vor zwöine Johr.

Guet, schön,
är söu verzöue.

Auso aagfange
heigs am Burgäschisee
im Summer vorhär.

Dört heig er eini
glehrt kenne.

Är sägi der Name nid,
füre Fau dass jetz öpper
grad di Sändig losi,
wo se vilecht sogar kenni.

Guet, heig d Moderatorin wider gseit,
und är söu eifach verzöue.

Äbe,
heig do der Bärni gmacht,
aagfange heigs am Burgäschisee,
sig im nämlech der Frisbee
i Chorb
vo somne Meitschi gfloge,
auso vor junge Frou,
nid äxtra übrigens,
und won er sech
sig go entschuudige,
heig ihm die no gfaue,
obwou,
und das wöu er betont ha,
ihm de no lang nid
jedi Frou gfaui,
won er einisch bim Bade träffi.

Aber die heig nim gfaue,
heig nim sogar sehr gfaue,
e Lehrere
früsch ab em Semer
und wunderschöni
grüeni Ouge.

Und är heig ihre
sehr wahrschiinlech ou gfaue
und denn heig er irgendwie
ou no meh Schriis gha
bi de Froue,
worum wüss er säuber nid.

Guet, heig d Moderatorin
scho wider ungerbroche,
das sig scho guet,
aber är söu doch bitte
jetz vo dene Ferie verzöue,
es göng um ds Tessin.

Das sig ihm scho klar,
heig er gseit, aber
wen är e Gschicht verzöui,
de verzöu er se ganz,
das sig ihm wichtig,
dass me d Gschichte
ganz verzöui.

Und äbe, wi gseit,
är heig di Frou
im Summer vorhär
am Burgäschisee
glehrt kenne,
sig e gueti gsi,
eini, wo ihn
heig chönne näh,
und das, obwou
dass är nid der Eifachscht sig.

Und de sig er mit ere
i ds Tessin i d Ferie,
het d Moderatorin versuecht
äntlech uf ds Thema z cho.

Jo, das sig der Plan gsi,
heig der Bärni gseit,
aber nid sofort,
wöu zersch sige si no
zämen i Jura
uf ne Velotour,
Nöieburg, Fleurier,
bis hingeren
uf Les Verrières,
auso bis a d Gränze,
und dört gäbs Chuttle
are Wiisswiisauce,
win er se sit denn
niene me heig übercho.

Aber es sig natürlech
ou sehr guet möglech,
dass es di Beiz dört
hütt gar nümm gäb,
wöu hütt wärdi jo afe
jedi gueti Beiz
früecher oder spöter
zu somene Sushi-Tämpu.

Und vermuetlech sig das so,
wöu di gliiche Lüt,
wos vor Chuttle gruusi,
ohni mit der Wimpere z zucke
roue Fisch mögi ässe,
und das imene Binneland.

Das sig e schöne Gedanke,
heig d Moderatorin müesse zuegä,
aber ob er jetz bitte
gliich no vom Tessin verzöui.

Äbe jo,
heig der Bärni gseit,
di Velotour im Jura
sig öppis wi ne Tescht gsi,
wöu är heig sech denn gseit:
«Geisch afe mou mit ere
chli i ds Wäutsche hingere,
de gsehsch grad scho,
wi si reagiert
inere frömde Kultur.»

Aber är heig dörte
schnäu aafo merke,
dass es nid guet chiem,
we si tatsächlech
zämen i ds Tessin giengte,
wöu si heig Sproche chönnen
und är ender weniger
und so öppis
gäb kommunikativ
glii mou es Ungliichgwicht.

Auso sig er gar nid
i ds Tessin i d Ferie,
heig d Moderatorin gfrogt.

Diräkt nid,
heig er gseit,
ou wenns planet wäri gsi.

Nume wi gseit,
di damaligi Fründin,
di Lehrere,
di sig ihm schuelisch
ungloublech überläge gsi.

Drum heig er de
bir Heireis vor Velotour
z Chaux-de-Fonds uf em Camping
e subere Schnitt gmacht.

Und das sig zwar nid immer eifach,
aber uf jede Fau besser,
aus lang dranume liire.

Auso, merci,
heig d Moderatorin gmacht
und nächhär zur Hörerschaft,
dass das jetz e Biitrag
vom Bärni vo Attiswiu wäri gsi,
wo zwar nid im Tessin,
aber immerhin im Jura
Ferie heig gmacht,
und es göng jetz witer
mit «Imagine»
vom John Lennon.

Ob er no ne Gruess dörf usrichte,
heig är gfrogt.

Är grüessi di Frou,
wo nie mit ihm im Tessin sig gsi,
und es tüeg ihm leid,
dass er se denn z La Chaux-de-Fonds
uf däm Campingplatz dörte
eifach ir Nacht heig verlo,
aber es heig müesse si.

Und im Momänt sig er psychisch
grad chli imne Loch inne
und drum hang er meischtens
im Bahnhof z Bärn
vor em Aperto ume,
wöu me dört bis Mitternacht
Bier über d Gass chöng chouffe.

Und wenn si mou z Bärn sig,
söu si doch luege,
ob si ne zuefäuig träffi.

Und wen er scho drann sig,
de grüess er jetz ou no
grad sini Mueter,
wos ou nid eifach heig,
sit är derewä suuffi,
und wo sech immer Sorge machi
und wo so Angscht heig um ne.

Und d Moderatorin
sig derewä ergriffe gsi,
dass si vergässe heig,
dä Song vom Lennon iizspile
oder süsch wenigschtens
ds Telefon abzhänke.

Offseit

Verlüüre chöng me gäng,
het der Venturini gseit,
verlüüren aleini
sig no nid so schlimm.
Aber wenn d Iistelig nid stimmi,
de sigs öppis angers,
wenn di verwöhnte Giele nid seckli
und nid kämpfi,
bis si Bluet schwitze,
de mües me sech nid verwungere,
wenn nächhär eine win är,
eine wi Venturini Toni,
wo notabene sit em Sächsesächzgi
a jede Mätsch göng,
sech irgendeinisch aaföng überlegge,
wi lang dass er das no mitmachi.

Är mües jo gar nid cho,
sägen i zue nim,
zwinge tüeg ne niemer,
und dass e chliini Wäut verruckt wär,
wen är nümm a d Mätsche chiem,
wöu är jo sowiso gäng
numen e dummi Lafere heig
und aues besser wüss,
eso wi zum Bispüu
denn gäge Xamax,

wo die no unger em Gilbert Gress
heige gschuttet,
denn i der Rückrundi achtenachtzg,
won er nach em Mätsch
em Linierichter heig abpasset,
und wo dä us der Garderobe sig cho,
zue nim gmacht heig,
är söu sini verdammti Fahne
i Waud go verloche,
wen er d Offseitregle nid kenni.

Guet, das sig wohr,
das heig er denn gseit,
het der Venturini müesse zuegä,
aber das heig denn jede gseh,
dass der Herrmann mindischtens e Meter
im Offseit sigi gstange,
jede ussert dä Linierichter,
dä churzsichtig Tubu,
und drum, nume drum,
heig er nach em Mätsch uf ne gwartet.

«Ig für mi», han i zum Venturini gmacht,
«wär de do nid emou eso sicher,
dass das denn es Offseit isch gsi.»
Erschtens heig mes vo üsem Platz uus
gar nid eso genau gseh,
wöu mer denn nämlech nid
uf gliicher Hööchi sige gstange,
und zwöitens heig i ds Gfüeu,
dass eine vo üsne denn

nid schnäu gnue sig fürecho
und das Offseit heig ufghobe.

Obs mer jetz i d Chappe gschneit heig,
het Venturini gmacht,
är wüss doch no ganz genau,
wi der Herrmann sig ineglaueret
und wi dä Pass ersch sig cho,
wo dä länghöörig Lulatsch
über ne Meter im Offseit sig gstange.

Das sig jetz zwänzg Johr här,
vilecht tüüsch er sech, han i iigwändet.

Wär vo üüs zwene
dass de mit däm Offseit heig aagfange,
het der Venturini gfrogt.
I mües nid zersch
mit Xamax nüünzähachtenachtzg aafo
und nächhär meine,
i chöng eifach hingertsi druus,
es Offseit sig es Offseit,
gliich ob nach zwänzg
oder nach hundert
oder nach tuusig Johr.

Aber wen i doch no wüss,
wi eine vo üsne,
i gloube, es sig der Nowak gsi,
ds Offseit heig ufghobe.

«Gib ne ömu no rächt!»,
het der Venturini gseit,
«gib ne no rächt,
dere Xamax-Mafia
und däm blinge Linierichter.»
Und was ig eigetlech für ne Fan sig,
wo di eigeti Mannschaft
düre Dräck schleipfi
und nümm wöu wohrha,
dass di wäutsche Seckle denn
wäg emne Offseitgou,
emne irreguläre,
es Unentschide heigen ermoglet.

Aber das sig doch so lang här.

Jo, aber wäge däm
sigs nid weniger hingerfotzig,
eso föngs aa,
genau eso,
mit emne bschissene Offseitgou,
und we me sech nid rächtzitig wehri,
wärdis gäng verflüechter,
und drum heig er denn däm Linierichter
vor der Garderobe abpasset
und ihm gseit, was Sach sig.

Und är würdis wider mache,
wes nötig wär,
jederzit,
wöu im Ungerschid

zu so eim wi mir oder
zu dene verwöhnte Brätzelibuebe,
wo hütt schutti,
dene überbezaute,
sig är en YBler vo Chopf bis Fuess,
eine, wo sech für d Wohrheit iisetzi,
und nid eso ne Memme,
wo eifach zueluegi,
wen aues um eim ume
kabuttgöng
und d YB-Mätsche
und der ganz Sport
und überhoupt aues zäme
zur Sou gmacht wärdi
vo dene Dräcksieche.

Wöu genau gseh,
het der Venturini gseit,
stöng aues zäme imene Zämehang,
es Offseitgou sig vilecht
numen en Aafang,
das scho,
aber we me d Tagesschou luegi,
de gsääch me jo,
wis sig usecho
mit dere Wäut
sit däm verdammte
Xamax-Mätsch
ir Rückrundi
vom Achtenachtzgi,
und de chöng me sech ou vorstöue,

wis ersch wär usecho,
wen är,
Venturini Toni,
denn nid wenigschtens no
mit em Linierichter
hätt Klartägscht gschnoret.

Indisch

Är sig süsch nid eso,
het er betont,
der Kuenz Werni.
Im Gägetöu,
im Grund gno stöng är
auem Frömde
totau positiv gägenüber.

Scho vo sim Pruef här
(Innenarchitekt,
Speziaugebiet «Ethnostyle»)
heig är es hundertprozäntig
kulturtolerants und
internationau orientierts Dänke.

Drum heig er sech sogar gfröit,
wo ne d Marlis chürzlech
zu däm indische Restaurant
heig wöue mitnäh.

Sig e wahnsinnig e gueten Inder,
heig si nim gseit gha,
immer freji Parkplätz,
immer früschi Bioprodukt,
immer gnueg Nichtrouchertische,
immer e fründlechi Bedienig,
immer e günschtige Tageshit,

immer dezänti Hingergrundmusig,
immer schöni Bluemedécor,
mües er unbedingt ou mou gsi si
bi däm nöien Inder.

Ussertdäm,
und das sig mehrfach
wüsseschaftlech nochegwise,
heig nim d Marlis erklärt,
heig di indischi Chuchi
bis zu föifesibezg Prozänt
weniger Choleschterin-Aateile
bi gliichblibendem Vitaminghaut
und Aminosüürine mit pH-Wärte,
wo wäutwit unerreicht sige.

Aber das hätt si nim,
het der Kuenz Werni betont,
gar nid müesse säge,
är sig einewäg gärn
zu däm Inder mitggange,
mit der Marlis sowiso,
wöu ne eso Froue wi d Marlis,
Froue mit emne ganzheitleche
und nachhautige Aaspruch
a ds eigete Konsumverhaute,
eifach irgendwo düre
totau heiss mieche,
worum
wüss er säuber nid.

Aber äbe,
was er eigetlech heig wöue säge,
sig jo nume,
dass är,
Kuenz Werni,
normalerwiis auem Frömde gägenüber
usgsproche offen iigstöut sig.

Und ganz bsungers natürlech
Indie gägenüber,
won er mehrfach bereist heig
dennzumou
i sine wüudere Zite,
Afganischtan–Indie,
Landwäg, Opiumstrooss,
Stärnehimu im Schlofsack,
Schugertröimli im Nirwana,
und ob i wüss, was er meini,
het er gfrogt
und mer gheimnisvou zuebblinzlet.

Aber usgrächnet a däm Oobe denn,
won er mit der Marlis
i das indische Restaurant sig,
heig er ungereinisch
eso wahnsinnig Luscht
uf ene Bitz Fleisch gha.

Der Tageshit sig irgendwie
öppis mit Basmati-Riis gsi
und Hüusefrücht

und är wüss ou grad nümm
mit was für Gwürz
und mit eme Chnouegmües
und mit chli Pouletgschnätzletem,
Freiloufhautig, kontrolliert,
KAG mit Chnoschpe.

D Marlis heig das sofort bstöut,
das Menü.
Aber är nid, nei,
är heig gfrogt,
ob si nid e Bitz Fleisch heige,
es Entrecôte
oder es Filet
oder es Houzfäuersteak
oder süsch haut e Schwiinshaus,
eifach e rächte Bitz Fleisch
und derzue Härdöpfu.

D Marlis sig rot aaglouffe
und der Chäuner heigi gseit,
es tüeg im leid,
aber si sigen es indisches Restaurant.

Das wüss är dänk scho,
heig der Werni gmacht,
das mües men ihm nid säge,
grad ihm nid,
är kenni Indie wi si Hosesack,
chönnt mängi Gschicht verzöue
vo sinen Indiereise,

Afganischtan–Indie
uf em Landwäg,
wöu lieber gar nid aafo,
aber das mües jo jetze
no lang nid heisse,
dass si do i däm Spunten inne
nid e rächte Bitz Fleisch heige.

«Nein, leider nein,
wir indisch, nur indisch»,
heig dä Chäuner eifach gseit.

Und das mit emene süffisante Lächle
und emene überfründleche Tonfau,
wo ihn, der Wernu,
fasch gar
uf hundertachtzg ueche bbrocht heig.

Auso, de nähm er e Schüblig,
heig er gmacht,
mit emene Stück Brot
und e chauti Fläsche Bier.

Heig möglecherwiis
scho chli wöue provoziere,
do mög i vilecht rächt ha,
het er zueggä,
aber vor auem
heig er eifach i däm Momänt
wahnsinnig Luscht uf Fleisch gha.

Und der anger wider:
«Nein, leider nein,
wir indisch, nur indisch.»

Und der Kuenz Werni,
obwou dass er doch,
win er nomou betont het,
normalerwiis
totau fürs Ethnologische sig
und sech sogar prueflech und privat
mit Exotik im Augemeine befassi,
sig definitiv hässig worde.

Do heigs ou nüt gnützt,
dass ne d Marlis iidringlech
heig druf ufmerksam gmacht,
dass vüu Lüt z Indien unge
gar ke Fleisch ässi,
auso nid emou Pouletgschnätzlets,
wöu doch für d Hindus
wäge der Widergeburt
jedes Tier eigetlech
e potenzielle Mönsch sig,
en ehemaligen oder e zuekünftige.

Scho rächt,
heig er der Marlis gseit,
jetz mües si nid no
mit Religionswüsseschafte cho,
das sig es Tête-à-Tête
und ke Migroskurs.

Und hie sig me z Herzogebuchsi
und nid z Indie,
und wenn jetz nid subito
e Bitz Fleisch ufe Lade chöm,
de sig är ggange
und de heige si de do i däm Restaurant
e Gascht weniger,
und zwar für immer.

Und dört heig er aafo gspüre,
het mer der Kuenz Werni verzöut,
wi di Marlis gäng wi meh
sig hin und här grisse gsi
zwüsche der Solidarität mit ihm,
em Kuenz Werni,
wo si immerhin
scho über nes Johr kenni,
und eren angere
vilecht irgendwie
ender oberflächleche
vo ihrem schlächte Gwüsse diktierte
Solidarität mit dene indische Wirtslüt,
wo vilecht gar nid mou
richtigi Inder sige,
wöu me jo eigetlech
vo niemerem chöng verlange,
dass er us em gliiche Land chöm
wi d Spiischarte, won er ufleggi,
was me jo scho do dranne gsääch,
dass mängi Pizzeria hüttzutags
vomenen Aubaner gfüert wärdi,

wobii de d Ligeschaft hüüfig gliich no
emene Schwizer ghöri.

Und genau eso heig ers de
der Marlis ou gseit,
het mer der Werni verzöut.
Aber sehr wahrschiinlech
sig das e Fähler gsi,
heig er der Bogen überspannt,
wöu d Marlis uf das abe
ender uf d Solidarität,
mit em indische Restaurant
tändiert heig,
währenddäm dass är
natürlech nümm heig chönne blibe,
ohni dass er ds Gsicht hätt verlore.

Auso sig er ggange,
heig d Marlis aleini zrügg glo,
sig uf Ursebach i ds Hirserebad gfahre,
zwöuf Gault-Millau-Pünkt,
Tendänz stigend.

Komisch sig nume,
dass es ne dörte plötzlech
überhoupt nümme
nach emne Bitz Fleisch
heigi gluschtet,
ender nach Zwöisamkeit
und eme guete Gspräch
mit dere Marlis

oder mit süsch ere Frou,
wo einigermasse kritisch sig
und chli guet usgsääch
und wo ne chöng aanäh,
eso win er sig,
eini, wo nes Händling heig
und sini ehrlechi,
kompromisslosi Art
chöng akzeptiere – irgendwie.

Es Ching im Roustueu

Und de hocket doch dörte
das Ching i däm Roustueu,
e Bueb, vilecht zähjährig,
und luegt mi so aa.

Es het öppe driissg Lüt gha
i däm Böss inne,
aber das Ching im Roustueu
mues genau mi aaluege.

Was wosch mache i sore Situation?
Chasch nüt mache,
gar nüt.

Di angere Lüt,
di merke das natürlech,
he mou, das gseh die,
gseh doch ganz genau,
wo das arme Ching häreluegt.

Ha de probiert
mer afe nüt lo aazmerke.

Nid dass sech dä Bueb i däm Roustueu
am Änd no Hoffnige macht und meint,
i sig jetz e Kolleg oder so.

Es isch jo besser,
wenn das Ching früe gnue lehrt,
dass es säuber mues zschlag cho im Läbe,
he jo, i cha nim doch ou nid häuffe.

Weis doch nid emou,
obs Chinderlähmig isch
oder en offne Rüggen
oder was.

Und wiso mues es di ganzi Zit
usgrächnet mi aaluege?

Lueg doch süsch öpper aa,
han i ddänkt und ghoffet,
es faui nid z fescht uuf.

Aber natürlech isch es ufgfaue,
klar het mes gmerkt
und glii scho hei ganz vüu
zu mir übere gluegt.

Das heisst, zersch nid,
zersch hei si mou diskret
das Ching im Roustueu aagluegt
und de het se der Blick vo ihm
diräkt zu mir übere gfüert.

I cha nech säge,
i hätt das Ching
am liebschte ghasset,

aber darfsch jo nid,
isch jo behinderet,
cha jo nüt derfür,
cha ne Chrankheit si
oder vilecht en Unfau,
wär weis das scho,
das gsehsch nid unbedingt
ufen erscht Blick.

I weis vore Familie,
di hei sogar zwöi Ching
im Roustueu,
eis es Cerebrauglähmts
und eis, wo mit de Chnoche het,
di luege mi auben ou so aa,
di beide Ching,
aber dört
isch es öppis angers,
wöu di wüsse, wär i bi,
di kenne mi sit Johre,
di tschegge ganz genau:
«Das isch der Schörschu,
dä kennt üüs,
dä chöi mer aaluege.»

Aber dä Bueb i däm Böss,
wo mi no nie het gseh,
dä hätt doch jetz weis Gott
süsch nöime chönne häreluege,
irgendwohäre.

Und nach emne Zitli
het er sogar no aagfange
mit sine Händli
uf mi zeige
und het derzue no so
komischi Grüüschli gmacht,
fasch wi wen er würd lache.

Ha gmeint, i drääi düre!

Wenn nume wenigschtens
e Hautstöu wär cho,
eso dass i unuffäuig
hätt chönnen useschliiche,
aber dä verdammt Böss
isch im Stou inne gstange.

Und ke Mueter, ke Vatter,
won em Ching gseit het,
es söu ufhöre uf mi zeige,
oder wos wenigschtens
chli ablänkt, bis i dusse bi.

Müest mi nid fautsch verstoh,
das arme Ching cha nüt derfür,
würklech nid,
aber wiso dass es genau
grad immer mi mues preiche.

Dir,
i ha scho ir Schueu gäng Päch gha,

mou, dasch wohr,
wen öppis passiert isch,
hets jedes Mou
mi verwütscht.

Und jetz scho wider,
scho wider bin ig der Idiott,
wenns driissg angeri chönnte si.

Und das i däm Böss,
won i au Tag mues näh
für i d Stadt.

Das isch genau dä, wo einisch
so aagluegt isch worde
vomene Ching im Roustueu,
wärde d Lüt vo jetz aa dänke.

Und ds Schlimmschte dranne,
si hei no rächt,
wenn si das dänke,
wöu i bi jo würklech dä.

Mou, i bi immer dä gsi,
immer, immer dä, wos preicht,
usgrächnet ig,
wos gäng nume guet meine,
usgrächnet mi mues es träffe.

Jetz cha me sech natürlech froge,
was das behinderete Ching

amene Mäntig am Morgen am achti
i somene Böss verlore het.

Es git jo Behinderete-Taxi,
wär doch für aui gäbiger,
würd me meine,
aber nei,
es mues der Böss si
und es mues mi Böss si
und ds Ching mues mi
aaluege und aalache und
es mues uf mi zeige
mit sine chrumme Fingerli,
uf niemer angers
aus usgrächnet uf mi!

Gseht der,
jetz lueget der mi ou scho so aa!

I hätts vilecht gschider
gar nid verzöut.

Jo klar, hätt gschider gschwige,
wöu jetze, jetz dänket der sicher ou,
mit mir sig öppis nid normau und
es chöng ke Zuefau si,
dass es immer mi preichi.

Muest gar nut sage,
i merkes doch,
merke doch,

wi der scho Partei ergriffe heit
für das Ching
und gäge mi.

Derbii geits überhoupt gar nid
um das arme Ching.
Höret mer doch uuf!

Das Ching cha nüt derfür,
das Ching isch behinderet,
und wenns nid weis, was mache,
de luegts haut öpper aa,
isch ömu nid so ne Sach,
das würdet dir ou mache,
wenn der imene Roustueu
müestet hocke
ds Läbe lang.

Auso höret doch uuf dänke,
es göng um das Ching.

Um mi geits, um mi
und mis ewige Päch,
aber wenn ders nid chöit begriiffe,
de löt ders haut lo si,
de hauten i d Schnore,
de vergässe mers eifach.

Nume söu de nächhär kene
zu mir cho gränne,
wen er einisch imene Böss

vomene behinderete Ching
aagstarret wird,
söu de niemer cho säge,
wi unaagnähm dass das isch,
wöu ig, i weis es,
i kenne das Gfüeu,
kennes ganz genau,
wöu is säuber erläbt ha,
auso höret mer uuf jammere,
sit so guet!

Es Buech

Är läsi süsch nüt,
seit der Kürtu,
heig würklech ke Zit
für ou no gross z läse.

Aber einisch
im Zug uf Thun
sig es Buech blibe ligge,
so nes Taschebuech,
es häugrüens.

Heig er das aafo läse,
nume so us Gwunger.

Sig das es Buech gsi,
auso es Buech, säg er,
totau abnormau,
chöngs gar nid verzöue.

Und obwou dass nüt passieri,
im ganze Buech inne nüt,
hundertvieresächzg Site lang gar nüt,
überhoupt ke Gschicht vorchöm,
heig er nümm chönne höre,
heig er das Buech
eifach müesse fertig läse.

Was de das nöime
für nes komisches Buech sig,
hei mer wöue wüsse,
das gäbs doch gar nid,
es ganzes Buech,
wo nüt passieri drinn.

Mou,
das gäbs äbe,
het der Kürtu gseit,
är sägis jo jetz grad,
är wüss doch,
was er sägi,
är heigs jo säuber gläse,
i däm Buech passieri nüt,
würklech nid.

Aber öppis mües doch passiere,
süsch wärs jo kes Buech,
hei mer nomou entgäge gha,
und me chöng jo unmöglech
es ganzes Buech schribe,
ohni das öppis passieri.

Wen ers doch sägi,
het sech der Kürtu
fasch e chli eriiferet,
i däm Buech,
är wüss jetz leider
der Titu grad nümm,
verzöui eifach eine

vo sonere Schueu,
ere Art Pruefsschueu,
wo me Diener lehri,
aber passiere tüeg nüt.

Eh, do heige mers grad,
hei mer gseit,
wenn eine Diener lehri,
de passieri ömu öppis.

Nei, äbe grad nid,
het der Kürtu wider betont,
dä lehri äbe nüt,
das sig jo ds Wahnsinnige,
das sig jo ds Abnormale,
dä wöu Diener lehre,
dä i däm Buech inne,
aber är lehris nid,
wöu i dere Dienerschueu,
do chöng me gar nüt lehre.

Auso passieri gliich öppis,
hei mer umeggä,
wenn eine öppis wöu lehre
und das nächhär nid chöng lehre,
de sig doch das öppis.

Nei, das sig äbe nüt,
es göng eifach um nüt,
es ganzes Buech vou nüt,
und di Schueu sig ou für nüt,

sig e fertige Laueribetriib,
wo me häreluegi: nüt.

Wiso dass ers de gläse heig.

Äbe, das sigs jo grad,
es sig sehr interessant,
me chöng eifach nümm ufhöre läse,
no we me gärn möcht,
wöu me gäng hoffi,
es passier de gliich no öppis,
aber ds Einzige, wo passieri,
sig, dass d Lehrere stärbi.

Auso gliich nid nüt.

Mou, das sig äbe nüt,
wöus ke Roue spili,
ob die stärbi oder nid.

Wiso dass das ke Roue spili,
wenn imene Buech inn öpper stärbi,
de sig das jedefaus afen öppis.

I däm Buech äbe nid,
het der Kürtu wider aagfange,
wöu di Lehrerin,
auso das Frölein,
di machi di ganzi Zit nüt,
genau wi ihre Brüetsch,
wo der Chef sig vo der Schueu

und äbefaus nüt machi,
und drum spilis gar ke Roue,
ob die tot sigen oder läbig.

Und sowiso mög er mit üüs
jetz gar nümm z lang
über das liire.

Mir heige jo das Buech,
der Titu chöm im de no i Sinn,
heig öppis mit sim Lütnant z tüe,
won er 71 ir RS heig gha,
aber item, was er wöu säge,
mir heig es gar nid gläse.

Und ihn regis totau uuf,
wi mer ne do wöui belehre
und ihm wöuen erkläre,
was i sim Buech inne passieri,
won er notabene im Zug gfunge
und säuber gläse heig.

Das sig sis Buech,
är heigs gläse,
är heig sech befasst dermit,
är heigs verstange,
är alei und nid mir.

Mir hei der Kürtu lo si,
hei doch ke Krach wöue
wäg somne blöde Buech,

wo eini stirbt
und wo der Kürtu nächhär
wott behouptet ha,
es sig gar nüt passiert.

Är söus eifach vergässe,
hei mer zue nim gseit
und nomou e Rundi bstöut.

Aber der Kürtu isch ufgstange,
mit üüs chöng me nid rede,
über Büecher scho gar nid.

Und füre Fau,
dass es öpper wungernuhm,
der Titu sig ihm jetze
ou no grad i Sinn cho,
heig nämlech gwüsst,
dass es öppis
mit sim Lütnant z tüe heig,
dä heig genau gliich gheisse,
dä Lütnant,
wi dä Titu vo däm Buech.

Aber üüs säg er dä Titu nid,
wöu mer sowiso
kei Ahnig heige
und immer no meini,
es Buech sig nume nes Buech,
wenn öppis passieri drinne,
was hingen u voore nid stimmi,

wöu i däm Buech
passieri nüt,
und gliich sigs guet,
sigs es grossartigs Buech,
vilecht grad wäge däm.

Aber für das z verstoh,
mües men äbe läse
und är läsis grad no einisch,
grad üüs Löffle z Trutz,
hundertvieresächzg Site i eim Schnuz,
grad hinecht no,
und adiö zäme
und wägg isch er gsi.

Zuekunft

Zuekunft isch e wite Begriff,
aber ei Tag chunt eine
vo sore Versicherig,
isch no guet aagleit gsi
und het echli nach After Shave
und nach Pfäffermünz gschmöckt.

Ob i mer ou scho mou
chli Gedanke gmacht heig
wäge der Zuekunft.

«Wäge welere Zuekunft?», frog i ne.
Eh dänk wäge minere, seit er,
und dass me mües vorusdänke,
finanziell gseh.

Das mit em Vorusdänke
heige mer ersch chürzlech grad
d Lüt vo sore Sekte gseit,
han i mi getrout iizwände,
aber i heig scho denen erklärt,
i dänki lieber chli im Kreis.

Jetz isch dä fasch muff worde,
dä Versicherigsagänt,
und het betont,
är heig mi ersch afe gfrogt,

ob i a mini Zuekunft dänki,
und süsch no gar nüt.

Zuekunft sig e wite Begriff,
sägen i uf das abe.
Zuekunft föng scho morn aa
oder sogar scho hütt am Nomittag,
aber niemer chöng wüsse,
wi lang dass si duuret.

Äbe, genau, das sigs äbe grad,
und wöu das niemer chöng wüsse,
wäge däm sig är zue mer cho.

Ob ärs de wüssi, sägen i,
ob är en Ahnig heig,
wi mini Zuekunft usgsääch.

Nei, das nid, das sicher nid, aber
är chöng mer es paar Vorschleg mache,
win i mi am beschte
chöng absichere finanziell
für d Zuekunft.

«Für weli Zuekunft?», frog i no einisch.

Eh, äbe für mini
und für die vo mir Familie.

Jo, aber wen er doch grad gseit heig,
är wüssi säuber nid,

was mir mini Zuekunft bringi,
söu er doch nid stürme.

Die vo dere Sekte,
di heige de wenigschtens das gwüsst,
ou wen i grad mües zuegä,
dass i denen ou nid aues ggloubt heig.

Ob ig eigetlech meini,
är chöng jetz do
der ganz Morge mit mer liire,
seit dä vor Versicherig.
Und mi hets ddünkt,
das After Shave
schmöcki fasch echli z fescht,
fasch echli wi do
das Sabatini-Parfüm,
wo di Gabriela Sabatini
uf jedem Fläschli ungerschribt.
Wüsst der weli Sabatini?
Do di Tennisspilere,
wo aube gäge d Steffi Graf
gäng het verlore.
Und wüsst der was,
das schmöckt nach auem Mögleche,
das Sabatini-Parfüm,
nume nid nach Tennisspilere.

Aber wo bin i verblibe?
Äbe, bi däm Typ dörte,
wo so gschmöckt het

und vo mir het wöue wüsse,
ob ig ächt ds Gfüeu heig,
är heig Zit zum Versoue.

Nei, han i grad gmacht,
i wüss doch nid, wivüu Zit
dass eso ne Reisende pro Bsuech heig,
das chöng i gar nid wüsse,
i schaffi nid uf däm
und uf öppis angerem ou nid,
wöu i ehrlech gseit
grad gar nüt schaffi.

Vo was dass i de läbi,
het er plötzlech wöue wüsse,
wen i gar nüt schaffi.

I heig jetz nid ds Gfüeu,
dass i das grad eim mües verzöue,
wo mer nüt über mini Zuekunft
wüssi z säge, sägen i.

Dir gloubets nid, aber dä Maa,
dä Versicherigsagänt oder was,
het sis Göferli zueklappet,
isch ufgstange u ggange.

Und sithär frog i mi,
wi sech ächt so eine,
wo sech so tüür aaleit
und derewä vüu After Shave bruucht,

aber eim gliich nüt Rächts weis z säge
und söfu schnäu d Närve verlüürt,
wi sech auso so eine
ächt sini Zuekunft vorstöut,
und vo minere Zuekunft
wei mer lieber gar nümm aafo.